Profetas e profetisas na Bíblia

História e teologia profética na denúncia, solução, esperança, perdão e nova aliança

Coleção Bíblia em Comunidade

PRIMEIRA SÉRIE – VISÃO GLOBAL DA BÍBLIA

1. Bíblia, comunicação entre Deus e o povo – Informações gerais
2. Terras bíblicas: encontro de Deus com a humanidade – Terra do povo da Bíblia
3. O povo da Bíblia narra suas origens – Formação do povo
4. As famílias se organizam em busca da sobrevivência – Período tribal
5. O alto preço da prosperidade – Monarquia unida em Israel
6. Em busca de vida, o povo muda a história – Reino de Israel
7. Entre a fé e a fraqueza – Reino de Judá
8. Deus também estava lá – Exílio na Babilônia
9. A comunidade renasce ao redor da Palavra – Período persa
10. Fé bíblica: uma chama brilha no vendaval – Período greco-helenista
11. Sabedoria na resistência – Período romano
12. O eterno entra na história – A terra de Israel no tempo de Jesus
13. A fé nasce e é vivida em comunidade – Comunidades cristãs na terra de Israel
14. Em Jesus, Deus comunica-se com o povo – Comunidades cristãs na diáspora
15. Caminhamos na história de Deus – Comunidades cristãs e sua organização

SEGUNDA SÉRIE – TEOLOGIAS BÍBLICAS

1. Deus ouve o clamor do povo (Teologia do êxodo)
2. Vós sereis o meu povo e eu serei o vosso Deus (Teologia da aliança)
3. Iniciativa de Deus e corresponsabilidade humana (Teologia da graça)
4. O Senhor está neste lugar e eu não sabia (Teologia da presença)
5. Profetas e profetisas na Bíblia (Teologia profética)
6. O sentido oblativo da vida (Teologia sacerdotal)
7. Faça de sua casa um lugar de encontro de sábios (Teologia sapiencial)
8. Grava-me como selo sobre teu coração (Teologia bíblica feminista)
9. Teologia rabínica
10. Paulo, apóstolo de Jesus Cristo pela vontade de Deus (Teologia paulina)
11. Compaixão, cruz e esperança (Teologia de Marcos)
12. Lucas e Atos: uma teologia da história (Teologia lucana)
13. Ide e fazei discípulos meus todos os povos (Teologia de Mateus)
14. Teologia joanina
15. Eis que faço novas todas as coisas (Teologia apocalíptica)
16. As origens apócrifas do Cristianismo (Teologia apócrifa)
17. Teologia da Comunicação
18. Minha alma tem sede de Deus (Teologia da espiritualidade bíblica)

TERCEIRA SÉRIE – BÍBLIA COMO LITERATURA

1. Bíblia e linguagem: contribuições dos estudos literários
2. Introdução às formas literárias no Primeiro Testamento
3. Introdução às formas literárias no Segundo Testamento
4. Introdução ao estudo das Leis na Bíblia
5. Introdução à análise poética de textos bíblicos
6. Introdução à exegese patrística na Bíblia
7. Método histórico-crítico
8. Análise narrativa da Bíblia
9. Método retórico e outras abordagens

QUARTA SÉRIE – RECURSOS PEDAGÓGICOS

1. O estudo da Bíblia em dinâmicas – Aprofundamento da Visão Global da Bíblia
2. Aprofundamento das teologias bíblicas
3. Aprofundamento da Bíblia como Literatura
4. Pedagogia bíblica
   4.1 E Deus viu que tudo era bom. Pedagogia bíblica da primeira infância
   4.2 Visão de um povo sobre as origens da vida. Pedagogia bíblica da segunda infância
   4.3 Pré-adolescência
   4.4 Adolescência
   4.5 Juventude
5. Mapas e temas bíblicos
6. Metodologia de estudo e pesquisa

Jacir de Freitas Faria

Profetas e profetisas na Bíblia
História e teologia profética na denúncia, solução, esperança, perdão e nova aliança

Teologia profética

Teologias bíblicas 5

Paulinas

Dados Internacionais de Catalogação na Publicação (CIP)
(Câmara Brasileira do Livro, SP, Brasil)

Faria, Jacir de Freitas
 Profetas e profetisas na Bíblia : história e teologia profética na denúncia, solução, esperança, perdão e nova aliança / Jacir de Freitas Faria. – São Paulo : Paulinas, 2012. – (Coleção Bíblia em comunidade. Série teologias bíblicas, v. 5)

1ª reimpr. da 1ª ed. de 2006.
Bibliografia.
ISBN 978-85-356-1863-1

1. Profetas no Antigo Testamento 2. Profetas no Novo Testamento 3. Profetisas no Antigo Testamento 4. Profetisas no Novo Testamento I. Título. II. Série.

12-09798 CDD-220.15

Índice para catálogo sistemático:
1. Profetas e profetisas na Bíblia : Teologia profética 220.15

1ª edição – 2006
4ª reimpressão – 2024

Citações bíblicas: *Bíblia de Jerusalém*. São Paulo, Paulus, 1990.

Direção-geral: *Flávia Reginatto*
Editora responsável: *Vera Ivanise Bombonato*
Copidesque: *Mônica Elaine G. S. da Costa*
Coordenação de revisão: *Andréia Schweitzer*
Revisão: *Leonilda Menossi e Alessandra Biral*
Direção de arte: *Irma Cipriani*
Gerente de produção: *Felício Calegaro Neto*
Capa e editoração eletrônica: *Wilson Teodoro Garcia*

Nenhuma parte desta obra poderá ser reproduzida ou transmitida por qualquer forma e/ou quaisquer meios (eletrônico ou mecânico, incluindo fotocópia e gravação) ou arquivada em qualquer sistema ou banco de dados sem permissão escrita da Editora. Direitos reservados.

Para outras informações, dirija-se ao
Serviço de Animação Bíblica – SAB
Rua Dona Inácia Uchoa, 62, 7º andar
04110-020 – São Paulo – SP (Brasil)
Tel.: (11) 2125-3500

Cadastre-se e receba nossas informações
paulinas.com.br
Telemarketing e SAC: 0800-7010081

Paulinas
Rua Dona Inácia Uchoa, 62
04110-020 – São Paulo – SP (Brasil)
(11) 2125-3500
editora@paulinas.com.br

© Pia Sociedade Filhas de São Paulo – São Paulo, 2006

Há certas experiências que marcam profundamente
a vida de cada um de nós.
Elas acabam dando um sul, um norte,
um leste e um oeste em nossas vidas.
Por essa simples razão, eu não poderia deixar de dedicar
este livro aos meus confrades:
frei João José van der Slot, frei Eduardo Metz,
frei Cristóvão Pereira, frei Antônio Francisco Blankendaal,
frei Adelmo Francisco e frei Flávio Silva Vieira, bem como a
Jaime Ferreira – que deixou a Ordem Franciscana
para ser profeta em outros mares.
Com eles, aprendi as lições de como ser profeta
na cidade de Ipatinga (MG), no fim da década de 1980,
quando formamos uma fraternidade evangelizadora
entre os operários e empobrecidos;
quando aprendi os valores proféticos do Reino.

Apresentação

Profetas e profetisas na Bíblia, história e teologia profética na denúncia, solução, esperança, perdão e nova aliança é o volume 5 da série "Teologias bíblicas", da coleção Bíblia em Comunidade. Esta série engloba, ao todo, dezessete teologias diferentes, dezessete maneiras que o povo da Bíblia considerou essenciais em sua comunicação com Deus. Essas grandes experiências de fé foram contadas, revividas e celebradas na vida e nos momentos importantes da história e ao longo das gerações. O povo foi entendendo, pouco a pouco, quem é Deus na multiplicidade de suas manifestações e, sobretudo, nos momentos difíceis de sua história.

O tema do profetismo, é claro, não poderia faltar nesta série, não só pelo fato de termos dezesseis livros na Bíblia escritos pelos profetas, mas, sobretudo, pela leitura e interpretação que eles fazem da *ToRaH*. Eles são a instância crítica junto dos reis e do povo no modo de conduzir a vida pessoal, social, política e religiosa, sempre a partir dos ensinamentos da *ToRaH*.

O autor apresenta os profetas e as profetisas como pessoas iluminadas, que não têm medo de denunciar o que não está conforme os ensinamentos da *ToRaH*. Possuem a coragem de apontar soluções, mesmo que nem sempre agradem ao rei e ao povo. Nunca adotam uma postura de fechamento e sem saída para situações de catástrofes e conflitos, apontando a esperança e o perdão como o recomeço de uma nova vida, seja para os indivíduos, seja para o povo. Mostram, com coragem e fidelidade, que Deus está sempre disposto a renovar a sua aliança, contanto que haja abertura e conversão.

As "Teologias bíblicas" são precedidas pela primeira série, "Visão global da Bíblia", que trata das grandes etapas da história do povo da Bíblia: a terra, a formação do povo, as constantes dominações que o povo sofreu no decorrer de sua história. E como Deus foi suscitando lideranças, civis e religiosas, para conduzi-lo e animá-lo na fé. Muitos registraram os fatos e as experiências de vida e fé que o povo viveu. Hoje, ao ler essas narrativas que a Bíblia nos traz, percebemos o retrato de nossa história.

Na terceira série, "Palavra: forma e sentido", estudamos os diversos gêneros literários que aparecem na Bíblia. Conhecendo-os, criamos melhores condições para interpretar, colher, entender a mensagem, o significado que tinham para a comunidade daquele tempo e têm para nós hoje.

E, em uma quarta série, "Recursos pedagógicos", há subsídios que ajudam a aprofundar as três séries anteriores, oferecendo sugestões de dinâmicas, indicações de filmes, vídeos e material diverso. Tudo para criar maior integração entre as pessoas e melhor capacitá-las para a missão de multiplicadoras com a Palavra.

Conheça o Projeto Bíblia em Comunidade por meio das séries que já foram publicadas e se encontram disponíveis nas livrarias Paulinas e em outras. Pois este projeto, oferecido na forma de subsídios e cursos na sede do SAB, traz um novo modo de estudar a Bíblia, com abertura e participação das pessoas que se dispõem a fazer a experiência da Palavra de Deus e do estudo pelo Projeto Bíblia em Comunidade.

Romi Auth, fsp
Serviço de Animação Bíblica

Prefácio

As páginas seguintes querem ser uma leitura teológica do fenômeno profetismo, em suas várias dimensões na história de Israel. Embora não tenhamos dados suficientes para falar do fenômeno profético desde as origens de Israel, e tampouco possamos afirmar que nasceu com Abraão, optamos por apresentar em nosso estudo todos aqueles e aquelas que receberam o título de profeta na história do povo eleito.[1] Foram analisados 30 profetas e três profetisas. Muitos deles, ou as suas escolas, deixaram algo escrito; outros nada escreveram, legando-nos apenas poucas anotações ou testemunhos de suas atuações.

Vamos percorrer um caminho de quase dois mil anos de história, marcada pela atuação de profetas e profetisas. Após a definição do termo *profeta*, procuramos compreender a experiência vocacional de alguns profetas. Logo em seguida, situamos cada um deles na história de Israel em várias perspectivas, sobretudo em relação à denúncia, solução e esperança diante da sua realidade. Deste estudo, uma conclusão se nos impõe: cada profeta, a seu modo e até mesmo divergindo do seu antecessor, denuncia, sonha e apresenta soluções diferenciadas.

Por fim, tendo em vista a teologia profética, fizemos um estudo do simbolismo nas ações proféticas de Elias e Eliseu.

---

[1] Por falta de dados suficientes para nossa análise, não estudaremos os setenta anciãos do deserto (Nm 11,16-25), o profeta anônimo (Jz 6,7-10), os grupos de profetas (1Sm 10,5-13; 19,18-24), o homem de Deus de Judá (1Rs 13,1), o profeta de Betel (1Rs 13,11), Jeú (1Rs 16,1; 2Cr 20,34), os filhos de profetas (2Rs 2; 4,1.8.38-41; 6,1), os profetas anônimos de Jerusalém (Jr 50–51; Is 13; 14,4-21; 21,1-10) e Davi (At 2,30).

Nessa mesma perspectiva, tentamos entender a teologia do perdão, da nova aliança e da injustiça na religião, no culto etc. Não faltou também, ao final deste ensaio, uma rápida análise da profecia extrabíblica e sua relação com a bíblica. Assim como a história, a profecia não pode parar.

Frei Jacir de Freitas Faria, ofm
Belo Horizonte, inverno de 2005,
quando da realização do 11º Encontro
Intereclesial das CEBs.

Contatos com o autor:
www.bibliaeapocrifos.com.br
bibliaeapocrifos@bibliaeapocrifos.com.br

I
Quem é o profeta?

Compreender a teologia profética na Bíblia, feita por homens e mulheres a partir de Deus na vida de judeus e cristãos de ontem e de hoje, implica discernir o significado do substantivo profeta, em suas várias conotações.

Em nossos dias, os termos profeta ou profetisa definem alguém que denuncia as injustiças sociais e anuncia mudanças, alimentando, assim, o sonho de outro mundo possível. Muitos de nossos profetas e profetisas já tiveram suas vidas ceifadas por aqueles que não suportam o incômodo da denúncia de seus atos contra a vida. Será que em Israel, quando alguém se referia a um profeta, usava no seu vocabulário apenas o respectivo termo? E o profeta exercia unicamente a função própria que lhe cabia? Não. Ele era conhecido como profeta, mas também como vidente, visionário e homem de Deus. Como veremos, cada termo designa a função exercida por um profeta ou profetisa em Israel.

Profeta é um termo grego (*profetes*) que aparece na mitologia para citar o personagem que interpreta as palavras confusas da sacerdotisa *Pitia*, o qual teria recebido a mensagem de Apolo, transmitida por Zeus.[1] O profeta era, pois, um intérprete da divindade. Normalmente, ele é entendido como o anunciador do futuro, porque as palavras da divindade, quase sempre, diziam respeito ao que estava por vir.

---

[1]   Cf. Oráculo de Delfos da mitologia grega.

Vamos perceber que esse conceito influenciou e perdura até hoje. Antes de entrarmos no significado bíblico e atual do ser profeta, vamos entender alguns sinônimos que lhe são atribuídos.[2]

Além dos termos que descreveremos a seguir para designar o profeta, a Bíblia também faz uso de "servo de Deus", "mensageiro de Deus", "sentinela", "guarda", "pastor" etc.

1. O profeta vidente

"Antigamente, em Israel, quando alguém ia consultar a Deus, dizia: 'Vamos ao vidente', porque, em vez de 'profeta', como hoje se diz, dizia-se vidente" (1Sm 9,9). Essas palavras aludem a Samuel, quando se encontra com Saul. O vidente Samuel é apresentado como profeta do rei Saul. Samuel é o exemplo típico do vidente. Ele conhece o que está oculto e pode revelá-lo mediante presentes.

O termo *vidente*, em hebraico *ro'eh*, aparece no Primeiro Testamento (PT)[3] 11 vezes.[4] Os videntes atuavam nos centros urbanos. Acredita-se que alguns deles pudessem exercer a função de sacerdotes, como Sadoc (cf. 2Sm 15,27).

2. O profeta visionário

Gad, o profeta da corte de Davi, recebe uma comunicação de Deus e é chamado de o *visionário* de Davi (cf. 2Sm 24,11). Três outras vezes, a expressão – visionário de

---

[2] Cf. PETERSEN, D. L. The Roles of Israel's Prophets. *JSOT Suppl.*, série 17, Sheffield, 1981, resumido por José Luis Sicre, O *profetismo em Israel*: o profeta, os profetas, a mensagem, Petrópolis, Vozes, 1996, pp. 91-92.

[3] Usaremos a terminologia Primeiro e Segundo Testamento para nos referirmos ao Antigo e Novo Testamento.

[4] 1Sm 9,9.11.18.19; 2Sm 15,27; 1Cr 9,22; 26,28; 29,29; 2Cr 16,7.10; Is 30,10.

Davi – é aplicada a Gad (cf. 1Cr 21,9; 29,29; 2Cr 29,25). Além dele, Amós é denominado visionário pelo sacerdote Amasias: "Visionário, vai, foge para a terra de Judá; come lá o teu pão e profetiza lá" (Am 7,12). Visionário, em hebraico, se diz *hozeh*, e o termo aparece 16 vezes no Primeiro Testamento.

A função do profeta visionário era ter visão ou contemplar. Como vimos em relação a Gad, alguns visionários serviam ao rei com suas visões e palavras, por isso eram conhecidos como "visionários do rei", o que, por outro lado, não deve levar-nos a afirmar que eles tivessem participação na corte. A visão e contemplação faziam parte da atividade de profetas como Isaías, Amós, Miquéias, Naum, Abdias e Habacuc.

Alguns visionários foram chamados de falsos profetas, pelo fato de suas "visões" serem movidas por interesses (cf. Mq 3,5-7). Por outro lado, em razão de suas denúncias corajosas, eram considerados referências importantes para o povo manter-se no caminho de Deus. Eles agiram contra o ímpio rei Manassés (cf. 2Cr 33,18).

Os profetas visionários conclamavam o povo a converter-se da má conduta e observar os seus mandamentos e estatutos, conforme toda a Lei prescrita aos pais (cf. 2Rs 17,13).

3. O profeta, homem de Deus

"Agora sei que és um homem de Deus e que o Senhor fala verdadeiramente pela tua boca" (1Rs 17,24). Essas palavras são da viúva de Serepta dirigidas a Elias, quando este ressuscitou o filho dela. Também Eliseu, Samuel, Semeias, Ben-Joanã, assim como Moisés e Davi, são chamados de "homens de Deus". O termo aparece nada menos que 76 vezes no Primeiro Testamento, sobretudo no período do século IX.

"Homem de Deus" é um profeta detentor de uma relação íntima com Deus, o que lhe confere a capacidade de operar milagres, assim como Elias e Eliseu. Então, o homem de Deus é capaz de intermediar entre Deus e o ser humano.

Movidos pela Palavra do Senhor, eles atuavam, sobretudo, em situações de pobreza, fome, seca, guerra etc. Agiam em favor dos oprimidos, visando a transformação da realidade social. O rei, quando precisava do profeta homem de Deus, ia aonde o povo estava. O homem de Deus não pode ser considerado como profeta visionário, visto que este ficava na corte ao lado do rei. No primeiro caso, estamos pensando em Elias; no segundo, em Gad.

4. O profeta

Profeta, tradução do hebraico *nabî'*, é o termo mais usado na Bíblia. São 315 ocorrências que se reportam aos profetas, em especial a partir do final do século VII e durante o VI, antes da Era Comum (a.E.C.).[5] Notório é o fato de *nabî'* ser usado tanto para os falsos profetas do Senhor como para os verdadeiros profetas, Isaías, Amós, Miquéias e outros.

O profeta é o intérprete, aquele que comunica a Palavra, seja de Deus, seja de Baal. Ele é uma pessoa escolhida por Deus para transmitir a sua mensagem de denúncia, solução e esperança. Em outras palavras, o profeta é o porta-voz da aliança.

A atuação profética investe contra os opressores do povo de Deus. Quando um povo atacava, invadindo Israel, o profeta denunciava o opressor e o povo de Israel, que permitia a opressão por causa dos próprios erros.

O profeta, encarando a crise social, política e econômica de seu povo, torna-se também o homem da crise.[6] Eis alguns

---

[5] Cf. SICRE, op. cit., p. 81.

[6] Cf. GAMELEIRA, Sebastião Armando. Reler os profetas. *Estudos bíblicos*, n. 4, pp. 8-32, 1987.

exemplos. Jeremias diz: "Meu coração está quebrado dentro de mim, estremeceram todos os meus ossos. Sou como um bêbado, como um homem que o vinho dominou por causa do Senhor e por causa de suas santas palavras" (Jr 23,9). E continua: "Porque a terra está cheia de adúlteros". Já Elias, agindo de forma violenta contra o rei Acab, que o chama de "flagelo de Israel", lhe diz: "Não sou eu o flagelo de Israel, mas és tu e tua família, porque abandonaste o Senhor e seguiste os baals" (1Rs 18,18). Amós, por sua vez, denuncia a podridão na Samaria, onde o fraco é oprimido, e o indigente, esmagado (cf. Am 4,1). Ele denuncia ainda o rei de Israel, Jeroboão. Amasias, sacerdote de Betel, entrega Amós para Jeroboão e afirma que a terra não pode mais suportar as palavras desse profeta (cf. Am 7,10).

Colocando-se contra os poderosos, o profeta faz opção clara pelos que sofrem, os pobres. Zacarias, por exemplo, sonha com "um rei justo e vitorioso, humilde, montado sobre um jumentinho [...]. Ele eliminará os carros de Efraim e os cavalos de Jerusalém; o arco de guerra será eliminado" (Zc 9,9). Malaquias, como tal, afirma que Deus agirá, no Dia do Senhor, contra "os que oprimem o assalariado, a viúva, o órfão, e violam o direito dos estrangeiros" (Ml 3,5). Deus é o Deus dos pobres. Ser profeta é agir como Deus, que tem preferência pelos pobres. Assim, o profeta sabe discernir o que faz parte do projeto de Deus.

O profeta atua, na maioria das vezes, isolado. Alguns chegam a ter sua escola ou formam uma comunidade de profetas (cf. 1Sm 19,18-24). No entanto, o seu modo isolado de agir leva-o a uma profunda crise pessoal. É o caso de Jeremias, que sofre por haver defendido o exílio na Babilônia para seu povo. Por isso, ele é considerado um traidor da pátria (cf. Jr 39) e acaba exilado no Egito (cf. Jr 41–43).

O profeta torna-se um desinstalado por Deus. Ele é, aparentemente, um frustrado. Sente-se ameaçado constantemente no seu projeto. Na outra ponta da linha, a sua simples presença é capaz de gerar uma crise pessoal e institucional. Incomoda pessoas e instituições por dizer o que as pessoas não querem ouvir. O reconhecimento dessas palavras é, quase sempre, muito posterior.

Os profetas de Israel e Judá pregavam a fé monoteísta ao Senhor e contra qualquer tipo de idolatria. Na voz do profeta Isaías, Deus diz: "Eu sou o primeiro e o último, fora de mim não há Deus" (Is 44,6b). E ainda condena os idólatras: "Os que modelam ídolos nada são, as suas obras preciosas não lhes trazem nenhum proveito! Elas são as suas testemunhas, elas que nada vêem e nada sabem, para a sua própria vergonha. Quem fabrica um deus e funde um ídolo que de nada lhe pode valer? Certamente, todos os seus devotos ficarão envergonhados, bem como os seus artífices, que não passam de seres humanos" (Is 44,9-11). Combater a idolatria e a alienação religiosa do povo é a marca indelével da ação profética.

O profeta, presente no Templo de Jerusalém, atua em sintonia com os sacerdotes. Ele é uma pessoa de oração, que reza a vida e seus acontecimentos. É alguém que vive uma profunda experiência pessoal de Deus; é o seu testemunho. O profeta é o guia espiritual do povo.

5. Profeta maior e menor

Encontramos na divisão dos profetas do Primeiro Testamento a distinção entre Profeta Maior e Menor. Essa diferença ocorre não pela importância do profeta, mas pelo tamanho do seu escrito. No século II a.E.C., já era conhecida essa distinção. São quatro os profetas maiores, a saber: Isaías, Jeremias, Ezequiel e Daniel. Já os menores formam um grupo de 12, ou seja: Amós, Oséias, Miquéias, Sofonias, Naum, Habacuc, Ageu, Zacarias, Malaquias, Abdias, Joel e Jonas.

O livro de Baruc é colocado entre os livros proféticos da Bíblia Grega (LXX). Ele não é propriamente o livro de um profeta. Baruc era secretário e amigo do profeta Jeremias, que lhe teria ditado as palavras proféticas. Nessa mesma linha, o livro das Lamentações é atribuído a Jeremias e, por isso, localiza-se depois do livro de Jeremias. Tal hipótese, no entanto, não é sustentada pelos pesquisadores, pois o teor do livro não condiz com o pensamento de Jeremias.

O livro de Daniel é outro que suscita polêmica. Na Bíblia Hebraica, ele não faz parte dos livros proféticos, mas do bloco dos Escritos. Daniel é reconhecido no Segundo Testamento (cf. Mt 24,15) como profeta; mas, nos estudos mais recentes, é considerado apocalíptico. O autor desse livro, assim como o de Jonas, fez uso do nome conhecido para difundir o seu pensamento. Assim, o livro de Daniel se enquadra melhor no gênero sapiencial e apocalíptico. As Bíblias Grega (LXX) e Latina (Vulgata) reconhecem o livro de Daniel como de Profeta Maior.

6. As mulheres profetisas

A única mulher que poderia ser considerada profetisa na Bíblia, no sentido estrito do termo, é Hulda (cf. 2Rs 22,14), que viveu na época da reforma deuteronomista do rei Josias. Outras mulheres recebem apenas o título de profetisa, como: Miriam,[7]

---

[7] Embora algumas Bíblias traduzam o nome da irmã de Moisés por Maria, preferimos mantê-lo como no original, provavelmente egípcio. O nome Maria deriva de Miryam, que se relaciona com *ra'ah* (ver) e, daí, o fato de Miriam, a irmã de Moisés, ser chamada de profetisa, "aquela que faz ver". No tempo do Segundo Testamento, Miryam virou Maryam e, daí, Maria. Para o significado e a história completa de Maria, a mãe de Jesus, sugiro a leitura do meu livro: *História de Maria, mãe e apóstola de seu Filho, nos Evangelhos Apócrifos*. Petrópolis, Vozes, 2006.

irmã de Moisés e Aarão (cf. Ex 15,20), Débora (cf. Jz 4,4) e a esposa de Isaías (cf. Is 8,3).

Embora sejam somente três as mulheres chamadas de profetisas na Bíblia, sabemos que muitas outras atuaram como tais. Há de ressaltar, no entanto, que essa denominação tem origem nos livros históricos e no Pentateuco, mas não nos proféticos. A valorização maior do homem sobre a mulher, no mundo bíblico, com certeza ignorou o nome de outras mulheres profetisas. Da mesma forma, impediu que os seus feitos proféticos fossem registrados na Bíblia.

Em Is 8,3, ao falar do nascimento do filho de Isaías, refere-se à mulher do profeta como profetisa. "Em seguida me acheguei à profetisa e ela concebeu e deu à luz um filho". A mulher aqui é considerada profetisa pelo fato de ser esposa e mãe do filho do profeta, e não por ser vista como tal.

7. Profetismo desde Abraão?

A pergunta parece ter uma única resposta: o profetismo começa em Israel somente no período da monarquia, com Davi. Gad e Natã são os primeiros profetas. No entanto, Abraão é chamado de profeta em Gn 20,7. Isso ocorre no episódio em que Abraão diz ao rei de Gerara, Abimelec, que Sara é sua irmã. Deus aparece em sonho a Abimelec e lhe sugere devolver Sara a Abraão, chamado por Deus de profeta.

Moisés também é considerado profeta. O último livro do Pentateuco, o Deuteronômio, afirma que, depois de sua morte, "em Israel nunca mais surgiu um profeta como Moisés" (Dt 34,10). Segundo o livro de Oséias, Moisés é o profeta por meio do qual o Senhor tirou Israel do Egito e o guardou (cf. Os 12,14).

O terceiro homem das origens da história de Israel, Samuel, é chamado de profeta. Profeta vidente (cf. 1Cr 29,29), sua ação o caracteriza como grande profeta bíblico. Samuel é ainda conhecido como juiz no final do período tribal. Ele faz a transição do sistema tribal para o monárquico, como veremos mais adiante.

A conclusão da pesquisa atual sobre as origens do profetismo é que a atribuição do título de profetisa a Miriam e Débora e de profeta a Abraão, Moisés e Samuel foi um acréscimo posterior das correntes teológicas, quando da redação da Bíblia, o que significa que isso ocorreu muito tempo depois da atuação deles.

II
A vocação profética

Falar de vocação profética é falar da experiência de Deus que esses homens e essas mulheres realizaram em suas vidas. Os profetas e as profetisas, ao vivenciarem sua vocação, empenharam-se em responder ao chamado de Deus. Primeiro, eles tiveram de mergulhar nesse mistério profundo, Deus, o Inexplicável, o Absoluto. Como a Bíblia registrou, de modo oficial, a história da vocação desses nossos profetas? É o que procuraremos delinear nas páginas seguintes, buscando os elementos essenciais da vocação de alguns deles.[1]

1. Abraão e Sara: fé na promessa

Abraão, considerado profeta em Gn 20,7 por causa da relação íntima com Deus, vive sua vocação profética como homem justo, obediente a Deus e de muita fé. A sua vida é uma denúncia à monarquia, que explorava os pobres e os sem-terra. Para compreender esta afirmativa, deve-se levar em consideração que os textos bíblicos sobre Abraão foram escritos na época monárquica, por volta do ano 1000 a.E.C. Segundo a tradição bíblica, tais textos criticavam o sistema por meio de palavras colocadas na boca de Abraão, embora ele tenha vivido 800 anos antes disso.

A vocação de Abraão é relatada em Gn 12,1-9 e relida em outras oportunidades, ao longo dos séculos (cf. Sb 10,5;

---

[1] O texto que segue, sobre vocação profética na Bíblia, faz parte de um artigo nosso sobre a vocação na Bíblia. Cf. Elementos essenciais da vocação na Bíblia. *Convergência,* n. 376, pp. 469-482, out. 2004.

At 7,2-3 e Hb 11,8). Abrão é chamado por Deus quando ainda estava em Ur, na Caldeia, para iniciar uma peregrinação. O seu nome define a sua missão e vocação. De Abrão passa a se chamar Abraão, isto é, pai de muitos povos.

O contexto da saída de Abraão de Ur é marcado por levas de forasteiros que deixam suas terras em busca de uma vida melhor, no Egito. O autor bíblico relê a saída de Abraão como chamado de Deus. Abraão deixa a sua terra e se estabelece em Canaã, antes mesmo de chegar ao Egito. Ele e Sara crêem na promessa de terra farta, descendência numerosa e bênção divina.

Em Abraão, todos os povos da terra serão benditos (cf. Gn 22,18). O livro da Sabedoria conservou a memória da trajetória vocacional de Abraão como homem justo, forte e pleno de sabedoria. A carta aos Hebreus destaca a fé de Abraão e Sara na promessa. Eles foram obedientes ao chamado (cf. Hb 11).

Os elementos da vocação de Abraão e Sara são: fé na promessa divina; sabedoria na vivência do chamado; certeza de que Deus os chamou e caminha com eles.

2. Moisés: vocação de um profeta e libertador

Moisés é recordado, na profecia de Oséias, como o profeta que Deus suscitou para libertar Israel do jugo do Egito e guardá-lo como povo de Deus (cf. Os 12,14). Moisés, consciente de sua missão profética, diz ao povo que Deus vai suscitar um profeta como ele (cf. Dt 18,15).

A trajetória da vocação de Moisés está registrada em Ex 3,1-15.[2] Deus aparece a Moisés em uma chama de fogo, do meio de uma sarça que ardia, mas não se consumia. Deus o chama

---

[2] Cf. também Ex 4,1-17; 6,2-13: 6,28-30; 7,1-7.

pelo nome: "Moisés, Moisés". E ele responde prontamente: "Eis-me aqui". Deus se apresenta e convoca Moisés para voltar ao Egito e libertar o seu povo. Moisés tinha consciência do problema... Ele havia fugido do Egito.

A vocação de Moisés consiste em compreender a situação de injustiça. Ele sabe que Deus o chama, mas tem medo. Moisés apela para vários argumentos, dentre eles, o de não saber falar, isto é, não ter a palavra de profeta. O medo de Moisés é tamanho que nega sua capacidade, dizendo: "Quem sou eu para ir ao Faraó e fazer sair do Egito os filhos de Israel?" (Ex 3,11). Deus lhe revela e lhe garante que estará junto dele todo o tempo. Moisés resiste e pede um intérprete. Deus aceita o pedido e convoca o irmão Aarão para ajudá-lo. Na verdade, nisso está a justificativa da necessidade do sacerdócio, representado na pessoa de Aarão, para a realização da vocação de Moisés. Moisés recebe o poder de falar com o Faraó na pessoa de seu irmão Aarão. Então, munido de todas essas garantias, parte para a missão. A sua vocação é assumida com destreza. Ele se torna o libertador dos oprimidos, os pobres de Deus. Moisés vence o medo!

Os elementos essenciais da vocação de Moisés são: tomada de consciência da realidade; medo; rejeição do chamado; autoridade divina para denunciar a injustiça; mediador entre Deus e o seu povo; libertador e certeza de que Deus Libertador caminha com ele.

3. Samuel: profeta mediador entre Deus e o povo

O livro do profeta Jeremias, ao referir-se a Samuel, relata que Deus disse: "Mesmo que Moisés e Samuel estivessem diante de mim, eu não teria piedade desse povo" (Jr 15,1). Samuel foi comparado a Moisés. Ele intercedeu por seu povo diante de Deus, mesmo sabendo que a monarquia não era a melhor solução para Israel.

Os textos que falam da vocação de Samuel são: 1Sm 3,1–4,1. Samuel, ainda menino, serve a Deus no Templo, ouve de Deus o chamado. A corrupção andava solta em Israel. Os filhos do sacerdote Eli não agradavam a Deus com suas ações injustas. O chamado de Samuel foi para denunciar essa situação a Eli e a todo o povo. Assim, tornou-se juiz, profeta, sacerdote e chefe de exército.

Os elementos essenciais da vocação de Samuel são: a não-compreensão do chamado; ser escolhido por Deus para a missão específica de denunciar e reconduzir o povo para Deus; fazer a passagem do tribalismo para a monarquia; ser abençoado por Deus; ser mediador entre Deus e o povo.

4. Elias: o profeta do povo

O primeiro livro dos Reis, nos capítulos 18–19, narra a vocação de Elias. Ele é um profeta que deixa a corte para viver no meio do povo. Recebe a missão de Deus de denunciar as injustiças do rei Acab e constituir Jeú como novo rei de Israel.

A tradição em Israel guardou na memória este sonho: Elias vai voltar! O Primeiro Testamento encerra-se com as seguintes palavras de esperança: "Eis que vos enviarei Elias, o profeta, antes que chegue o Dia do Senhor, grande e terrível. Ele fará voltar o coração dos pais para os filhos e o coração dos filhos para os pais, para que eu não venha ferir a terra com anátema" (Ml 3,23-24). Sobre Jesus, o povo pensava: não será ele, Elias, que voltou? (cf. Mc 8,28). Jesus garante aos discípulos que Elias já voltou, mas que não o reconheceram (cf. Mt 17,12). Na tradição judaica, é firme a fé de que o profeta Elias precederá a vinda do Messias (cf. Ml 3,23). Por isso, os judeus, na ceia pascal judaica, deixam uma cadeira reservada e vazia, em honra do profeta Elias. No final da celebração, as portas da casa são abertas, e o pai de família convoca Elias para entrar em sua casa e anunciar a vinda do Messias. Jesus, o Messias para os cristãos, morre invocando Elias (cf. Mt 27,47.49). Assim como Elias, ele faz curas, milagres e multiplica pães.

Elias devolveu a esperança ao povo sofrido. Expandiu a fé em Deus. Nisso está a sua vocação de profeta, homem de Deus. Os elementos essenciais da vocação de Elias são: falar em nome de Deus; denunciar as injustiças; agir politicamente em defesa dos pobres.

5. Eliseu: chamado para continuar a missão de Elias

O motivo de o profeta Elias ungir Eliseu foi para que ele continuasse sua missão. Assim conta 1Rs 19,16.19-21. Elias chama Eliseu, mas este pede primeiro para ir despedir-se de seu pai e de sua mãe.

Em 2Rs 2, narra-se a confirmação da missão de Eliseu, quando ele recebe o manto de Elias, que foi arrebatado ao céu. Eliseu repete o gesto de Elias ao dividir as águas do rio Jordão com o manto. Esse ato de Eliseu de receber o manto de Elias e dividir as águas do Jordão com ele é simbólico. Isso relembra Moisés e seu bastão. Manto e bastão representam o poder e pertencem a homens de Deus, como Moisés e Elias. Não por menos, as atitudes de Eliseu se parecem com as do mestre.

Os elementos essenciais da vocação de Eliseu são: escolha; unção; pedido para despedir-se dos pais e confirmação da missão.

6. Isaías: vocação para a denúncia e o anúncio

Isaías mesmo conta como foi o seu chamado (Is 6,1-10). Ele vê Deus sentado no trono, com vestes que cobriam o santuário e rodeado de serafins que proclamam a sua grandeza. Isaías toma consciência da própria limitação, de sua condição de pecador. Um dos anjos traz uma brasa e toca-lhe a boca, purificando-o e perdoando os seus pecados. Deus escolhe Isaías, e este lhe responde: "Eis-me aqui, envia-me!". Isaías é chamado no Templo, no momento da oração da comunidade. Deus elege Isaías, que tem prática de oração intensa, e o envia para o ministério profético.

Isaías aceita o chamado e recebe a missão de ser profeta, de denunciar os erros de seu povo. Para obter a salvação, o povo precisará passar por duras provações. Isaías tem a difícil tarefa de anunciar os castigos previstos para o povo. Uma pequena parcela, um broto do povo, subsistirá e dela renascerá o resto de Israel.

Os elementos essenciais da vocação de Isaías são: visão; consagração através da boca com o toque da brasa purificadora; aceitação da missão e denúncia dos erros do povo.

7. Jeremias: escolhido para destruir, arrancar e plantar. Mas ele tem medo!

A vocação de Jeremias é descrita em um texto bíblico de bela construção literária: Jr 1,4-10. Deus se revela a Jeremias e lhe apresenta a missão, tocando sua boca e colocando nela suas palavras. Deus confia-lhe a missão de destruir, arrancar e plantar a justiça divina (cf. Jr 1,10). Ele resiste dizendo que não sabe falar: "Ah! Senhor Deus, eis que eu não sei falar, porque sou ainda uma criança!" (Jr 1,6). E Deus mesmo diz: "Não tenhas medo deles, para que eu não te faça ter medo deles" (Jr 1,17). "Antes mesmo de te formar no ventre materno, eu te conheci; antes que saísses do seio, eu te consagrei. Eu te constituí profeta para as nações" (Jr 1,5).

Essa missão dada por Deus a Jeremias foi marcada pelo medo e por muita crise. Jeremias é um profeta medroso. Se o seu nascimento foi marcado pela alegria na casa paterna (cf. Jr 20,15), ele, no entanto, quando já crescido, amaldiçoa o dia do seu nascimento: "Maldito o dia em que eu nasci" (Jr 20,14). Demonstra claramente que não queria ter nascido, porque a ação profética o incomodava. A sua mãe leva a culpa: "Minha mãe teria sido minha sepultura" (Jr 20,17). "Ai de mim, minha mãe, porque tu me geraste [...]" (Jr 15,10).

A comunidade de Jeremias, ao relatar sua vocação, quis mostrar como ele se parecia com o grande profeta Moisés. Este também teve medo, disse que não sabia falar, que era gago, mas realizou sua missão profética.

Jeremias tinha uma afeição muito grande pelo ambiente rural, onde nascera e teria vivido. Possivelmente não se casou. Era de família sacerdotal, da descendência do sacerdote Abiatar (cf. 1Rs 2,26). Ele conhecia o sofrimento de seu povo, tinha consciência de que algo deveria ser feito, mas tinha medo. No ano 627 a.E.C., no décimo terceiro ano do governo de Josias, Jeremias sente o chamado de Deus. O livro que leva seu nome descreve os elementos essenciais dessa vocação, nos seguintes pontos:

- Deus, quando chama alguém, é porque este já é íntimo seu. "Antes mesmo de te formar no ventre materno, eu te conheci; antes que saísses do seio, eu te consagrei" (Jr 1,5). Ele sente que sua vida pertence a Deus desde antes de nascer.

- Jeremias tem consciência de que é um consagrado para a missão profética: "Eu te consagrei" (Jr 1,5b). Por isso, sente que não pode fazer outra coisa a não ser profetizar.

- O medo e outras limitações humanas são inerentes à vocação. Deus não o livra das dificuldades, como o medo de falar, e ele se justifica dizendo que ainda não sabe falar porque: "Sou ainda uma criança" (Jr 1,6).

- O profeta é porta-voz de Deus (cf. Jr 1,7). Jeremias terá de falar em nome de Deus e em sintonia com o povo, para o qual ele foi enviado. E Deus estará com ele sempre. Ele é abençoado por Deus. As palavras de Deus são colocadas em sua boca, de modo que ele fale em seu nome (cf. Jr 1,10).

- O profeta sente-se seduzido por Deus. "Tu me seduziste, Senhor, e eu me deixei seduzir" (Jr 20,7). Estas palavras proferidas por Jeremias demonstram como ele compreendeu o mistério da vocação em sua vida. Deus mudou a vida de Jeremias, mas ele reclama e protesta contra Deus, como se este fosse responsável pela sua desgraça, pois ninguém quer ouvi-lo e zombam dele.

8. Jonas: vocação marcada pelo medo da conversão do opressor

O Segundo Livro de Reis fala de um profeta chamado Jonas, filho de Amati, que era de Gat-Ofer (cf. 2Rs 14,25). Este, com certeza, não é o mesmo Jonas do livro bíblico que leva o seu nome. Estamos diante de uma parábola, uma história contada pelo povo de Deus para retratar cada um de nós, quando temos medo de ser profetas. A nossa vida é marcada por essa dinâmica vocacional de sermos enviados por Deus e de, ao mesmo tempo, rejeitarmos a proposta divina.

Jonas somos todos nós, quando cultivamos medos que nos impedem de seguir adiante. Medo de sair proclamando a Palavra que liberta. Medo de mergulhar no sagrado, de assumir as responsabilidades que a vida nos impõe. Jonas nos convoca a adentrarmos no mais profundo de nós mesmos, a fazermos uma viagem interior ao túnel do tempo, para superar traumas e recobrar forças para viver o presente intensamente. Não por menos, Jonas, em hebraico *Yoná,* significa "pomba de asas aparadas".[3] Jonas é todo aquele que prefere ficar no "peixe grande", descansando sem assumir sua missão.

Deus chama Jonas, mas ele não aceita a difícil tarefa de ir a Nínive, a cidade do inimigo povo Assírio, que havia destruído o seu povo, Israel. Jonas não acredita que Deus o chama para anunciar a Boa-Nova ao opressor. Ele não crê que o opressor possa se salvar. Deus convoca Jonas para profetizar, mas ele foge. Ele prefere ir a uma "Colônia de férias", a cidade de Tarsis. E para lá embarca. No barco a caminho de Tarsis, ocorre uma terrível tempestade. O capitão e os marinheiros que o interrogam representam Deus que continua desafiando-o. Uma tempestade assola os viajantes. Para salvar a todos, Jonas propõe que ele seja jogado ao mar. No fundo do mar, lugar do mal e das incertezas, cai justamente no interior de um peixe grande. Nesse momento, Jonas toma consciência de seus atos, mergulha no silêncio de si mesmo e enfrenta o monstro marinho, lugar do perigo que mora dentro dele mesmo.

A vocação de Jonas, o profeta da parábola, corresponde a uma dimensão de nossa vocação: a do medo. Deus nos chama, mas temos medo de perder a representação de Deus. Queremos que Deus seja aquilo que projetamos dele. Deus nos surpreende. Ele surpreendeu Jonas, que mora dentro de nós.

---

[3] Cf. LELOUP, Jean-Ives. *Caminhos da realização*: dos medos do eu ao mergulho do ser. Petrópolis, Vozes. 2000. pp. 17-79.

9. Jesus: síntese da vocação profética

A realização da vocação de Jesus para o serviço do Reino é expressa de modo claro em Lc 4,14-22: remir os presos, recuperar a vista dos cegos, restituir a liberdade aos oprimidos e proclamar um ano de graça do Senhor.

Também outros textos bíblicos contam a vocação de Jesus.[4] Neles aparecem outras dimensões da vocação profética de Jesus, isto é: ele é o Filho de Deus, o Sumo Sacerdote, o Princípio de Salvação eterna, o Verbo de Deus encarnado, o Cordeiro de Deus, o Embaixador de Deus, o Messias etc.

Os elementos essenciais da vocação de Jesus são: ser enviado como Filho de Deus mesmo; possuir o Espírito de Deus com ele; fidelidade incondicional a Deus; ter consciência da sua missão; realização da missão; martírio como conseqüência de sua vocação.

10. Conclusão

O estudo que fizemos sobre a vocação dos profetas, na Bíblia, evidencia algumas conclusões, como:

- A vocação de cada profeta é específica. Não podemos dizer que todo profeta ou profetisa foi chamado para simplesmente denunciar. Claro que este aspecto teve papel fundamental na vida de todos eles, mas cada um tem o seu contexto. Por isso, muitos chegam a mencionar o dia em que foram chamados (cf. Zc 1,1; Ez 1,1-2).

---

[4] Cf. Hb 5,1-10; Ap 19,13; Jo 1,1-8.30.36; 3,14-19; 3,31-34; 4,25.26.34; 4,42; 5,30.36.38.43; 6,29.38-40; 6,44.50-51.57; 7,16.28-29.33; 8,16.18; 11,27.42.52; 12,13.27.37.46-49; 14,24.31; 15,21; 16,5.27; 17,4.6.8; 17,14.18.21.23.25; 18,11.37; 19; 20,21-22.

- Na experiência vocacional de cada profeta, podemos destacar que eles têm, em comum, a certeza de que Deus chama cada um para uma missão que só ele poderá realizar. Portanto, terá de passar por uma mudança radical em sua vida. Deverá deixar a vida tranqüila e assumir uma missão nova. O profeta torna-se um desinstalado por Deus. Ele sabe disso, pois, após o seu chamado, vive a experiência profunda de Deus, o que provoca uma reviravolta na sua vida pessoal e familiar.

- Ser chamado por meio de sinais, como, por exemplo, voz, luz, toque, nuvem de incenso, sarça ardente, deserto, festa no Templo, são alguns dos modos encontrados pela comunidade do profeta para dizer que ele foi escolhido por Deus para exercer uma missão específica. Esses símbolos são também o meio encontrado para narrar a experiência do chamado.

- Em alguns casos de vocação profética, a escolha tem como objetivo dar continuidade à missão de seu antecessor. É o que ocorre, por exemplo, com Eliseu.

- O esquema literário das narrativas vocacionais se repete, em muitos casos, do seguinte modo: chamado, rejeição ao chamado, explicitação e aceitação da missão.

- O medo e a incerteza fazem parte da vocação de muitos profetas. Alguns apelam para o não saber falar, não saber comunicar, fator essencial na vida profética. Deus não aceita esse argumento.

- O profeta, ao longo de sua caminhada, percebe que Deus o havia predestinado para essa missão (cf. Is 44,2.24; Jr 1,4-5).

- Nas narrativas da vocação dos profetas, os elementos essenciais se repetem. Podemos, assim, falar de um gênero literário de narrativa de vocação.

- A vocação das mulheres profetisas não é descrita na Bíblia. Elas não recebem a mesma consideração dada aos profetas. No caso da esposa de Isaías, certamente ganha o nome de profetisa por ser esposa do profeta.

- Jesus é a síntese da vocação profética do Primeiro Testamento, na perspectiva cristã.

III
Profetas e profetisas na história de Israel

A história de Israel é marcada pela ação profética de homens e mulheres que souberam ler e compreender a ação de Deus na própria vida.

1. Situando os profetas e profetisas na história

Levando em consideração a distinção que fizemos anteriormente entre os profetas maiores e os menores, e, sobretudo, que desde Abraão podemos falar de profetismo em Israel, demonstraremos, a seguir, a época histórica de cada um deles. Por razões metodológicas, os profetas, no sentido estrito do termo, serão colocados em destaque. No Segundo Testamento, há outros personagens chamados de profetas, como Ana, Simeão, Teudas etc.; mas, neste estudo, consideramos somente Jesus.

PERÍODO	FATOS HISTÓRICOS	PROFETA
1850 a.E.C.	Migração de povos mesopotâmicos em direção ao Egito. A história de Abraão somente pode ser lida como profética, se analisada como releitura. O período a que se refere parece ser o de Salomão, quando muitos deixam o campo e se tornam servos do rei, na construção do Templo de Jerusalém.	Abraão

1300 a 1200 a.E.C.	Escravidão no Egito.	Moisés Miriam
1200 a 1030 a.E.C.	Tempo dos juízes ou período tribal.	Débora
1030 a 1010 a.E.C.	Fim do período tribal. Os filisteus ameaçavam invadir Israel. Reinado de Samuel.	Samuel
1010 a 970 a.E.C.	Reinados de Davi e Salomão.	Gad, Natã
933 a 910 a.E.C.	Divisão do reino salomônico em dois: o de Israel, ao Norte, e de Judá, ao Sul.	Aías de Silo
874 a 852 a.E.C.	Reinado de Acab (Israel) e Josafá (Judá).	Elias, Miquéias, filho de Jemla
852 a 783 a.E.C.	Reinados de Jorão, Jeú, Joás e Joacaz, em Israel.	Eliseu
783 a 743 a.E.C.	Reinado de Jeroboão II, em Israel. Período político conturbado. Quatro reis são assassinados. Religião e moral degeneradas.	Amós, Oséias
738 a 693 a.E.C.	Reinado de Joatão, Acaz e Ezequias, em Judá.	Miquéias
736 a 721 a.E.C.	Reinado de Acaz, em Judá.	Primeiro Isaías
693 a 639 a.E.C.	Reinado de Manassés, em Judá. Cai Nínive, capital da Assíria.	Naum
640 a 609 a.E.C.	Reinado de Josias, em Judá. Reforma religiosa.	Hulda
630 a 622 a.E.C	Declínio do império assírio.	Sofonias
625 a 598 a.E.C.	Judá paga tributos ao império neobabilônico.	Habacuc
626 a 587 a.E.C.	Babilônia invade Jerusalém e leva o povo para o exílio.	Jeremias Baruc
593 a 572 a.E.C.	Exílio da Babilônia.	Ezequiel

586 a 450 a.E.C.	Exílio babilônico. Retorno e reconstrução do país.	Abdias Terceiro Isaías
553 a 539 a.E.C.	Declínio do império neobabilônico. A Pérsia surge como nova potência.	Segundo Isaías
27/8 a 18/12 de 520 a.E.C.	Reconstrução de Jerusalém e reorganização do povo.	Ageu
520 a 518 a.E.C.	Tribunais injustos. Apropriação indevida das terras de deportados do exílio da Babilônia.	Primeiro Zacarias
515 a.E.C.	Sacerdotes sem autoridade para continuar as reformas idealizadas por Ageu e Zacarias. Tribunais corruptos.	Malaquias
520 ou 323 a 287 a.E.C.	Domínio de Ptolomeu I ou Soter.	Joel
400 a.E.C.	Reconstrução do país.	Jonas
Séc. IV a.E.C.	Jerusalém vive período de corrupção.	Segundo Zacarias
197 a 164 a.E.C.	Perseguição de Antíoco IV Epífanes. Revolta dos macabeus.	Daniel
7 ou 6 a.E.C. a 30 ou 33 E.C.	O império romano domina a Palestina.	Jesus

Podemos dividir o profetismo em várias fases, de acordo com a proposta deste livro: origens (de Abraão a Josué); profetas do palácio (De Gad a Aías de Silo); profetas populares (Elias a Eliseu); profetas clássicos (Amós a Jeremias); profetas da esperança (Abdias a Joel); profetas do ST (Jesus).

2. Síntese histórica da ação profética

Os profetas e as profetisas, na história de Israel, movem-se pela certeza: Deus é justo e o povo se afastou dele. O povo rompeu a aliança com Deus. Desse modo, a estrutura da sociedade ficou fraca, tornando-se presa fácil para os dominadores que os subjugavam, expulsavam da própria terra, exilavam etc.

Os reis da monarquia de Israel e de Judá, que deviam zelar pelo povo, não o fizeram. Eles não tomaram as devidas providências. Faltou coerência entre a vida e o culto. O culto deixou de ser expressão de honestidade. O Templo onde se realizava o culto tornou-se um covil de ladrões (cf. Jr 7,1-15).[1] O profeta chega a usar a pedagogia do medo para fazer o povo voltar ao caminho de Deus. Textos proféticos, como Is 33,14-16, Sl 15 e Sl 6, ao descreverem uma verdadeira liturgia de acesso ao Templo, afirmam que só quem é justo poderá se aproximar de Deus; ou seja, apenas aquele que fala o que é reto despreza o ganho explorador e se recusa a aceitar o suborno.

A enumeração em ordem decrescente das coisas que os profetas mais denunciam é: injustiça nos tribunais, comércio, escravidão, latifúndio, salário, tributos e impostos, roubo, assassinatos, garantias e empréstimos, luxo.[2] Por mais estranho que pareça, é o poder legislativo que recebe mais denúncias por parte dos profetas. Os acusados alternam entre juízes, legisladores, reis e seus funcionários. Os que sofrem a má administração da justiça fazem parte do tripé, tão caro à defesa profética: pobres, viúvas e órfãos. A esses é negado até mesmo o direito de reivindicar a justiça. A lei passa a defender a classe dirigente, a qual garante, com isso, os direitos e os bens adquiridos à custa do sofrimento

---

[1] Cf. também Mt 21,12-13; Am 2,6-16.

[2] Cf. SICRE, op. cit., p. 367.

dos pobres (cf. Am 6,1-7). Qualquer semelhança com os nossos dias é mera coincidência!

Para melhor visualizar a ação profética na história de Israel, vamos por partes.

A monarquia

A monarquia em Israel, desde o seu surgimento, recebeu duras críticas do profeta e último dos juízes, Samuel (cf. 1Sm 8). Ela continuou, ao longo dos séculos, sendo criticada pelos profetas. Há, porém, divergências nos tipos de soluções apresentadas por eles para mudar o sistema de governo na monarquia. Alguns como Amós, Oséias, Miquéias e Sofonias acreditavam que deveria desaparecer. Outros, como Eliseu, Primeiro Isaías, Jeremias, Ezequiel e Primeiro Zacarias I, que tinha de ser mantida e reformada com a mudança de governantes.

Será que essas duas tendências entre os profetas, pró e contra, poderiam apresentá-los uns como "revolucionários" e outros como "pelegos"? Os termos parecem fortes. Por outro lado, a monarquia deixou saudade na memória do povo. Ela não foi de todo negativa. Israel precisou se adequar às exigências do seu tempo. O sistema tribal foi importante e respondeu aos desafios de determinada época, mas infelizmente perdeu o vigor, dando lugar à monarquia.

No período que vai desde o surgimento da Monarquia Unida em Israel, aproximadamente entre os anos 1030 a.E.C., até o século VIII, quando Amós inicia sua atividade profética, encontramos profetas que atuam na corte. Sicre,[3] referindo-se a esse período, cita três etapas:

1ª) proximidade física e distanciamento crítico em relação ao monarca;

---

[3]   Ibid., pp. 236-237.

2ª) distanciamento físico entre o profeta e o rei;

3ª) distanciamento progressivo da corte e aproximação cada vez maior do povo.

Os profetas Gad e Natã vivem na corte e representam o primeiro grupo. Aías de Silo e Miquéias, filho de Jemla, ao contrário, não freqüentam os palácios. Eles mostram que o compromisso deles é com o que "Deus lhes mandou dizer". Apóiam os reis e chegam a anunciar-lhes a destruição de suas dinastias. Elias representa o terceiro grupo. O rei, caso necessitasse de um profeta, deveria procurá-lo fora da corte (cf. 1Rs 18,10). Com muita dificuldade, o rei vai encontrá-lo, já que Elias não se dirige ao palácio de Acab. A partir de Elias, o profeta fala ao rei por ele ser autoridade política e religiosa, mas a sua atuação está, sobretudo, junto do povo (cf. 1Rs 17,9-24). Eliseu, seguindo os passos do seu mestre Elias, tornou-se um dos profetas mais populares do Primeiro Testamento.[4]

Nas pegadas de Elias, o profetismo em Israel será marcado pela oposição à monarquia.

Os impérios

A Bíblia é uma longa história de sucessivas dominações de impérios sobre o povo de Deus. Os impérios do Egito, da Assíria, da Babilônia, da Pérsia, da Grécia e de Roma, consecutivamente, dominaram sobre o povo de Deus. Foi somente no período do reinado de Davi e Salomão (1010 a 932 a.E.C.) que Israel pôde viver certa liberdade política e econômica. Hoje, por meio da arqueologia, sabemos que a monarquia davídica e salomônica não foram assim tão grandiosas como relatam os

---

[4] Ibid., p. 238.

textos bíblicos. O poder dos impérios jamais permitiu a supremacia de Israel. A questão é mais teológica do que real.[5]

Os profetas e as profetisas, em relação aos impérios, tiveram duas atitudes básicas:

• conformação dos impérios com a vontade de Deus (Primeiro Isaías, Ezequiel, Jeremias e Segundo Isaías);

• condenação dos impérios, por eles serem incompatíveis com a vontade divina (Naum, Ageu, Zacarias, Profetas anônimos de Jerusalém [Jr 50–51; Is 13; 14,5-21; 21,1-10; 47][6] e Daniel).

Em relação ao primeiro ponto, podemos dizer que a aceitação do profeta à dominação de um império sobre Israel acontece quando ele percebe que o povo desviou-se da aliança e, portanto, precisa de uma correção divina. A submissão acabava sendo a única forma de sobrevivência do povo; caso contrário, sua aniquilação seria total. Desse modo, agiu Jeremias ao afirmar que o império babilônico fora um instrumento de castigo usado por Deus.

A segunda atitude, a da condenação dos impérios, vai predominar na maioria dos profetas, como também em Jeremias (Jr 46–49). O peso da opressão era tamanho, que ninguém podia aceitar o dominador como solução para a conversão.

---

[5]   Cf. FARIA, Jacir de Freitas (org.). *História de Israel e as pesquisas mais recentes*. 2. ed. Petrópolis, Vozes, 2004.

[6]   Desses profetas anônimos de Jerusalém, encontramos, pois, textos de Jeremias e Isaías. Os capítulos 50–51, segundo Smelik, foram acrescentados ao livro de Jeremias com intenção de amenizar a atitude favorável do profeta em relação à Babilônia e, com isso, evitar-lhe a acusação de traidor da pátria. Cf. SMELIK, K. A. D. De functie van jeremia 50 en 51 bennen het boek jeremia. *NTT* (1987) 265-278, citado por SICRE, op. cit., p. 440, nota 21. Sobre os oráculos de Isaías, confira a nota 22 do livro citado de Sicre.

As capitais Samaria e Jerusalém

As capitais de Israel e de Judá, Samaria[7] e Jerusalém, respectivamente, receberam especial destaque na crítica profética e soluções diferenciadas. A Jerusalém, de modo particular, deram como solução desde a sua destruição total até a sua reconstrução, a partir de uma intervenção divina. Dentre os profetas que defenderam a "destruição total", destacam-se: Miquéias, Hulda, Sofonias e Segundo Isaías. Já os defensores da "reconstrução" foram: Abdias, Primeiro Isaías, Segundo Isaías, Ageu, Primeiro Zacarias e Terceiro Isaías. Amós teceu duras críticas à Samaria.

O fato de os profetas destacarem Jerusalém, criticando-a negativa ou positivamente, é facilmente compreensível, pois ela era o meio visível para a realização do projeto do povo de Deus. O seu sucesso era também o do povo. Reconstruí-la ou não fazia parte do projeto.

O latifúndio

A questão da apropriação indevida de terras, com conseqüente criação de latifúndios – não como entendemos o termo hoje, pois em Israel não havia terras em abundância, a ponto de caracterizar-se como latifúndio –, deveria ter papel importante no Israel agrário. Ocorre, porém, o contrário, pois são somente Isaías e Miquéias que tratam mais claramente dessa questão.[8] Profetas como Amós e Malaquias, dos quais se esperaria manifestação, dada a evidência da problemática no seu tempo,

---

[7] Quando a monarquia se dividiu, Israel, o Reino do Norte, teve nos seus 209 anos de existência três capitais: Siquém, Tersa e Samaria, sendo esta a que mais se destacou.

[8] Um aprofundamento da questão em Miquéias encontra-se no livro: ZABATIERO, J. P. T. *Miquéias*: a voz dos sem-terra. Petrópolis, Vozes, 1996.

não pronunciam uma palavra sequer a respeito. Miquéias, no entanto, chega a propor uma reforma agrária.

O "Dia do Senhor"

A expressão "Dia do Senhor", bem conhecida entre os israelitas, como veremos a seguir, foi considerada de modo diferenciado pelos profetas. Amós diz que esse dia não seria de bênção e de felicidade, como esperava o povo eleito, mas de trevas. Sofonias e Ezequiel falam de "Dia de Ira". O Primeiro Isaías, Jeremias, Sofonias e Joel chamam de "Dia de Trevas, Lágrimas, Massacre e Terror". Eles relacionam esse dia à invasão do opressor.

Durante o exílio na Babilônia, o "Dia do Senhor" ganha a conotação de dia de esperança. A ira de Deus volta-se contra os opressores e, por conseguinte, Israel será libertado, conforme Abdias, Primeiro Isaías, Jeremias, Ezequiel e Joel.

Depois do exílio, o "Dia do Senhor" tende a ser um "Dia de Julgamento" que garantirá o triunfo dos justos e a ruína dos pecadores, segundo Malaquias.

Concluindo, podemos dizer que o "Dia do Senhor", dependendo do contexto e do ponto de vista do profeta, foi interpretado como o dia de esperança, bênção, paz, lágrimas, terror e julgamento.

Os pecados do povo

Joel é o único profeta que não condena os pecados do povo. Ele somente insiste na penitência ritual. O Segundo Isaías, por sua vez, alude aos pecados, porém tal atitude tem o objetivo pedagógico de mostrar que a iniqüidade de Israel está expiada (cf. Is 40,2). Mais que ameaçar o povo, como o fez o Primeiro Isaías, o Segundo Isaías mostra um Deus consolador: "Consolai, consolai o meu povo, diz o vosso Deus" (Is 40,1).

A conversão

A conversão do povo foi proposta por muitos profetas, como: Amós, Baruc, Primeiro Isaías, Sofonias, Jeremias, Ezequiel e Primeiro Zacarias, embora alguns não acreditassem que o seu povo seria capaz de realizar tal proposta. Somente uma intervenção divina, que concedesse o perdão, poderia mudar a realidade. O Segundo Isaías, falando da conversão dos pagãos ao Senhor, foi mais ousado. Do mesmo modo, Jonas chegou a anunciar a conversão dos habitantes da capital do império assírio, Nínive (cf. Jn 3).

Os milagres

Os milagres realizados por Elias, Eliseu (cf. 1Rs 17,8-24; 2Rs 4,1–8,15) e Jesus mostram que a ação do profeta não é só falar em nome de Deus, mas também devolver a vida ao povo, restituindo-lhe, por conseguinte, a esperança de uma vida melhor.

3. A denúncia, a solução e a esperança em cada profeta

Acreditamos que compreender um profeta significa conhecê-lo a partir de sua realidade. Ver como ele aí atuou, construiu a sua personalidade, denunciou, apresentou propostas de solução para os problemas encontrados e, por fim, esperou um novo tempo. Considerando o que afirmamos no primeiro capítulo sobre o profetismo, procuraremos interpretar também as ações proféticas de Abraão, Moisés, Miriam, Débora e Samuel, embora não sejam profetas e profetisas no sentido estrito do termo. Abraão, sobretudo, não pode ser considerado como membro do corpo profético de Israel; mas, por outro lado, merecem nossa atenção os dados sobre ele, compreendidos como atribuição. É o que faremos a seguir.

Abraão: pai de muitos

Abraão é chamado de profeta em Gn 20,7 e Sl 105,15. Mais do que real, este é um título honorífico atribuído a quem podemos chamar de "Pai na fé de muitos povos". As pesquisas modernas, baseando-se na arqueologia, questionam a datação convencional que o situa entre 2000 e 1750 a.E.C. Abraão e seus familiares fazem parte de grupos migratórios, oriundos da Mesopotâmia, que tinham como destino o poderoso império egípcio. Eles chegaram à terra de Canaã e ali se estabeleceram, após terem ouvido de Deus um chamado que mudaria para sempre o destino de sua vida e de muitos povos.

A denúncia profética de Abraão só pode ser compreendida à medida que lemos os textos que a ele se referem, como produção literária recolhida ou escrita, seja na época de Salomão, seja, sobretudo, no exílio na Babilônia.[9] Assim, podemos dizer que Gn 12,1-4, ao falar do chamado e da promessa de Deus a Abraão, quer denunciar a política opressora de Salomão, que, além de impor trabalhos pesados ao povo, tirava-o do campo. Ao ser apresentado como homem obediente e temente a Deus, o redator procura acusar os reis de Israel que não são como Abraão (cf. Gn 17). O texto do sacrifício de Isaac é um anúncio de que Abraão não sacrificou crianças (cf. Gn 22,1-19).[10]

A solução profética de Abraão consiste em afirmar que o reinado de Salomão deveria mudar de lugar social, da condição de opressor para libertador das famílias do campo, de modo que

---

[9] Para melhor compreensão das teses defendidas sobre o profetismo de Abraão, veja: SCHWANTES, M. *A família de Sara e Abraão*: texto e contexto de Gênesis 12–25. Petrópolis/São Leopoldo, Vozes/Sinodal, 1986.

[10] Cf. SCHWANTES, op. cit., p. 89. Gn 22,1-19 pode ser datado no século X, época em que ocorriam sacrifícios de crianças (cf. 2Rs 17,17). Acaz, rei de Judá, sacrificou o seu filho (cf. 2Rs 16,3).

a bênção divina pudesse se realizar. Os exilados, por sua vez, tinham de acreditar que Deus mantinha um compromisso, uma aliança com eles. Esta poderia ser restabelecida sob a inspiração do pai Abraão, homem de fé, que não chegou a possuir um pedaço fixo de terra em Canaã, mas sim os seus descendentes (cf. Gn 12,7). A terra da promessa voltaria para os exilados. Nesse sentido, era igualmente importante a revitalização do antigo rito da circuncisão (cf. Gn 17,10).

A esperança abraâmica baseava-se na tríplice promessa de Deus: "Terra, Bênção e Família", anunciada e cumprida (cf. Gn 12,1-3; Rm 4,13). Assim, a certeza de que Deus não abandona o seu povo revigorou suas esperanças em tempos de exílio, conforme a tradição sacerdotal (cf. Gn 17).

Moisés: tirado das águas

Moisés, o "tirado das águas",[11] exerceu sua atuação profética aproximadamente entre 1300 a 1200 a.E.C., época em que a escravidão do povo de Deus, no Egito, parece chegar ao fim. Como vimos antes, Moisés foi chamado de profeta (cf. Os 12,14; Sb 11,1). A esse título, acrescentam-se os de sacerdote (cf. Sl 99,6) e legislador (cf. Rs 21,8). Casado com Séfora (cf. Ex 2,21), ele, segundo a tradição, falava face a face com Deus (cf. Nm 12,7-9).

A denúncia profética de Moisés foi contra o opressor Faraó do Egito e todo o seu sistema de dominação, que impunha trabalhos forçados e miséria a seu povo. Este, quando liberto, também não deixou de sofrer acusações de Moisés contra a idolatria ao bezerro de ouro (cf. Ex 32,7-24), que cultuava, com saudades do Egito.

---

[11] Esse é o nome popular de Moisés, derivado do verbo hebraico *masha*; "tirar". Na verdade, Moisés deriva não do hebraico, mas sim do egípcio *msi*: "dar à luz".

A solução apresentada por Moisés não era outra senão a libertação de Israel do jugo egípcio (cf. Ex 3,7-10; Os 12,14). Para tanto, ele e o povo deviam resistir para vencer o duro coração do Faraó. Liberto, o povo não poderia desanimar na dura travessia do deserto e deixar de acreditar sempre que a terra da promessa voltaria para ele. As outras soluções são: ouvir o que Deus tem a dizer e transmitir sua palavra ao povo (cf. Dt 18,17-19); seguir a Lei dada por Deus (cf. Dt 5,1); e descentralizar o Poder Judiciário (cf. Ex 18,13-26).[12]

Moisés, o homem da esperança, desesperou-se diante do chamado para devolver ao povo a esperança. E foi justamente essa experiência de sofrimento que o capacitou para libertar o seu povo, sob a tutela do "Deus da Esperança". Moisés somos todos nós, quando compreendemos, na dor e no sofrimento, o chamado de Deus.

Miriam: aquela que faz ver

Miriam, mais conhecida como irmã de Moisés e Aarão (cf. Nm 26,59), era casada com Hur. Ela foi enviada por Deus para libertar o povo juntamente com seus irmãos (cf. Mq 6,4). Em Ex 15,20, é chamada de profetisa.

Miriam denunciou Moisés por ele ter desposado uma mulher cuchita (negra), possivelmente Séfora. Aarão fez o mesmo, mas somente ela recebeu o castigo divino: tornou-se "branca" como a neve (lepra). Moisés foi poupado e ainda curou a sua irmã, por sua intercessão.

A esperança de Miriam consistia em levar o povo a manter a alegria da libertação. Para isso, tomou um tamborim e cantou a libertação de seu povo (cf. Ex 15,20) do Egito. A

---

[12] Esse é um exemplo de uma ação que, com certeza, existia no tempo de Israel sedentário e foi atribuída a Moisés.

passagem pelo Mar dos Juncos não poderia nunca ser esquecida na história; por isso, deveria ser celebrada com tambores e festa. Nisso estava a sua atuação profética.

Débora: abelha

Casada com Lapidot (cf. Jz 4,4), Débora, nome que significa "abelha", foi chamada de profetisa, juíza e mãe de Israel (cf. Jz 5,7). Ela atuou no tempo dos juízes ou período tribal, situado aproximadamente entre 1200 e 1030 a.E.C. Nesse período, o povo, após ser liberto do Egito, se organizou como sociedade igualitária, formada por grupos de famílias (clãs) e tribos. Débora, considerada também Juíza Maior, dedicou sua vida e liderança para manter esse sistema.

As denúncias de Débora foram contra Meroz,[13] por não vir em auxílio do Senhor durante a guerra (cf. Jz 5,23), e contra as tribos[14] de Rúben, Galaad, Dã, Aser e Neftali, em razão de não aderirem à luta em defesa da confederação tribal. Ela denunciou ainda o desânimo das tribos (cf. Jz 5,7) e a adoração de deuses estrangeiros (cf. Jz 5,8).

A solução apresentada por Débora foi a de guerrear contra Sísara, general do rei de Canaã, Jabin (cf. Jz 4,6-7; 5,12-15). Essa ordem de guerra, dada por Débora a Barac, tem a aparência de oráculo profético, embora o texto não diga como ela obteve esse oráculo.

Débora, a lutadora, tinha uma esperança: "Deus vai entregar o inimigo nas mãos de uma mulher" (cf. Jz 4,9), o que, de fato, ocorreu com Jael, que matou Sísara (Jz 4,17-22; 5,24-30). Com as façanhas da profetisa e juíza Débora, a terra

---

[13] Lugar ou grupo humano desconhecidos.

[14] Judá e Simeão não são mencionados nessa lista. Talvez porque essas tribos vivessem isoladas no Sul ou ainda não fizessem parte da confederação israelita.

descansou em paz durante quarenta anos, pois o inimigo Jabin fora vencido (cf. Jz 5,31).[15]

Samuel: Deus ouve

Samuel atuou aproximadamente entre 1000 e 1010 a.E.C., época marcada pelo fim do período tribal e início da monarquia em Israel. Os filisteus ameaçavam invadir Israel. Saul é escolhido e ungido rei de Israel por Samuel. Várias são as tradições sobre Samuel. Os próprios estudiosos se dividem ao classificá-las. Na Bíblia, ele é considerado sacerdote, juiz, profeta, vidente, homem de Deus, chefe de exército e escritor (cf. 1Cr 29,29; 1Sm 9,1–10,16).[16] Samuel viveu no templo de Silo como consagrado ao Senhor (cf. 1Sm 2,18-21) e teve a sua atuação em Telam e Betel-Guilgal.

As denúncias de Samuel foram contra as infidelidades de Saul (cf. 1Sm 13,7-15; 15,10-23); a instituição cultual, que se afastou dos padrões rituais que Deus estabelecera desde o princípio (cf. 1Sm 1,1–4,1);[17] a corrupção dos filhos de Eli e o culto às divindades Baal e Astartes (cf. 1Sm 7,3).

Samuel foi reconhecido de norte a sul de Israel como profeta (cf. 1Sm 3,20). Ele apresentou soluções para os problemas enfrentados: primeiro, o castigo para a casa de Eli (cf. 1Sm 3,10-14) e, segundo, o povo devia tirar do seu meio todos os deuses estrangeiros e as astartes, e fixar o coração em Deus. Somente assim Deus os livraria das mãos dos filisteus (cf. 1Sm 7,3). Em relação ao pedido de instauração da

---

[15] Para mais informações sobre a presença de profetas no Israel primitivo, como, por exemplo, no caso de Débora, cf. R. R. WILSON, *Profecia e sociedade no antigo Israel*, São Paulo, Paulus, 1993, pp. 156-158, notas 56 e 57 e bibliografias aí citadas.

[16] Várias são as tradições e teorias em torno de Samuel. Cf., nesse sentido, SICRE, op. cit., p. 234, nota 11.

[17] Cf. WILSON, op. cit., p. 161.

monarquia em Israel, Samuel disse não (cf. 1Sm 8,6.10-18), mas acabou aceitando a proposta, já que o povo rejeitara o Senhor (cf. 1Sm 8,8).

Homem de grande influência na vida política e religiosa de Israel pré-estatal e nos inícios da monarquia com Saul e Davi, Samuel foi sempre fiel a Deus (cf. Eclo 46,16-23). Qual novo Moisés, ele intercedeu pelo povo (cf. Jr 15,1). Tentou mostrar-lhe que a solução para os problemas surgidos, no fim do período dos juízes, não estava na monarquia. Por fim, visto que o povo colocava sua esperança em um rei que o governasse com "justiça", ele, orientado por Deus, aceitou a proposta. Nisso estava a sua esperança.

Gad: boa sorte

Gad, que significa "boa sorte", atuou como profeta e visionário na época do reinado de Davi, aproximadamente entre 1010 e 970 a.E.C.[18]

Ele denunciou o rei Davi por ter realizado um censo (cf. 2Sm 24,1-10). Por seu intermédio, Deus enviou como castigo a peste em Israel.

A solução apresentada por Gad a Davi foi a compra de um pedaço de terra, na eira de Areúna, o jebuseu (2Sm 24,18-25),[19] a fim de que ali construísse um altar para o Senhor e lhe oferecesse sacrifício. Davi agiu conforme a indicação do profeta, e a peste deixou de existir na terra de Israel. Outra atitude profética, não menos importante, foi o conselho dado por Gad a Davi, para que deixasse o seu esconderijo na caverna de Odolam e retornasse

---

[18] Cf. 2Sm 24,11; 1Cr 21,9; 2Cr 29,25.

[19] Talvez seja esse o motivo que tenha levado o autor de 2Cr 29,25 a dizer que Gad teve papel importante no estabelecimento e na legitimação do culto no Templo de Jerusalém, construído por Salomão.

imediatamente ao território de Judá. Davi estava preparando a tomada do poder de Saul, o que veio a acontecer.

Gad era o profeta que caminhava com o monarca Davi, o que, por outro lado, não pode nos levar a caracterizá-lo como mero servo real. O profeta estava perto do rei, mas também o criticava. Parece que, nessa etapa do profetismo da corte, representada por Gad e mesmo por Natã, a esperança residia em orientar o rei para que ele governasse segundo as orientações do Senhor.

Natã: Deus deu

Natã, que significa "O Senhor deu", atuou aproximadamente nos anos 1010 a 970 a.E.C., isto é, no reinado de Davi e Salomão. Nesse período, ocorreram dois fatos importantes: a disputa pela sucessão ao trono de Davi e a construção do Templo de Jerusalém. De origem nórdica, Natã atuou no Sul[20] (cf. 2Cr 29,25; 2Sm 7,2; 12,25) e escreveu as histórias de Davi e Salomão (cf. 1Cr 29,22; 2Cr 9,29).

Natã, o profeta de Davi, era de Gabaon. Foi ele que ensinou (a Davi) a Lei do Senhor. Previu que Davi transgrediria no caso de Betsabéia e, como se apressava para adverti-lo, Beliar o impediu, pois, na beira da estrada, achou um homem assassinado e despido. Permaneceu lá e, naquela noite, soube que Davi havia cometido o pecado. Voltou chorando, e, quando Davi matou o marido (de Betsabéia), o Senhor o enviou para repreendê-lo. Ele ficou muito velho, morreu e foi enterrado na sua cidade.[21]

---

[20] Davi, sabiamente, tinha na corte um profeta do Norte (Natã) e um do Sul (Gad), um sacerdote do Norte (Abiatar) e outro do Sul (Sadoc).

[21] Cf. Tillesse, Caetano Minette de. Apócrifos do Antigo Testamento II. *Revista Bíblica Brasileira*, Fortaleza, Nova Jerusalém, n. 17, p. 574, 2000. Esse apócrifo Vida dos Profetas 1,1–2,9 possui muitas informações, por vezes lendárias, da origem, vida e morte dos profetas. Ele foi escrito, provavelmente, no início ou fim do século I a.E.C., em Jerusalém.

As denúncias de Natã foram contra o rei Davi por ter seduzido Betsabéia e mandado o seu marido, Urias, para a guerra a fim de que morresse por lá (cf. 2Sm 12,1-12). Desse relacionamento, nasceu Salomão, que se tornaria o seu sucessor, mesmo não sendo seu primogênito. Natã, com a sua profecia, impediu Davi de construir um templo para o Senhor (cf. 2Sm 7,4-17).

As soluções apresentadas por Natã foram: a) a construção de um templo para o Senhor deveria ser feita pela dinastia de Davi, e não por ele mesmo (cf. 2Sm 7,11-16); b) a manutenção da dinastia israelita a partir da linhagem davídica, suscitada e confirmada pelo Senhor (cf. 2Sm 7,12-13); c) Salomão deveria suceder Davi no trono, em vez de Adonias, seu irmão mais velho (cf. 1Rs 1,11-40); d) o sincretismo entre as tradições da cidade e as dos conquistadores israelitas.[22]

Natã usou a sua profecia para manter a estabilidade social. Nisso consistia a sua esperança. O governo davídico, como vimos, era composto por forças políticas do Norte e do Sul. Ele soube conciliar essas forças, criticá-las e, quando necessário, tomar posição em favor de uma, como, por exemplo, no caso da sucessão ao trono davídico.

Aías de Silo: o Senhor é meu irmão

Aías, nome que significa "O Senhor é meu irmão", atuou na cidade de Silo, aproximadamente entre 933 e 910 a.E.C. Ele foi considerado profeta e, talvez, sacerdote (cf. 1Rs 12,15; 1Sm 14,3).[23]

---

[22] Cf. JONES, G. H. The Nathan Narratives. *JSOT Suppl.*, série 80, Sheffield, 1990, citado por SICRE, op. cit., p. 236, nota 14.

[23] Cf. CAQUOT, A. Ahhiya de Silo et Jéroboam Ier. *Sem 11* (1961) 17-27, citado por WILSON, op. cit., p. 172, nota 80.

"Aías era de Silo (1Rs 11,29-39; 14,6-16), onde antigamente ficava o Tabernáculo, a cidade de Eli. Morreu e foi enterrado perto do carvalho de Silo (*Vida dos Profetas* 18,1; Js 24,1.25ss)."[24]

A situação política do tempo de Aías de Silo era marcada pela divisão do reino salomônico em dois: o de Israel, ao Norte, e o de Judá, ao Sul.

Aías de Silo denunciou Salomão e seus pecados, a saber: afastamento do Senhor em favor do culto aos deuses estrangeiros; não-observância dos estatutos e normas do Senhor (cf. 1Rs 11,33). Denunciou também a idolatria de Jeroboão I (cf. 1Rs 14,9b) e o abandono do Senhor (cf. 1Rs 14,9c).

A profecia de Aías de Silo foi ousada ao propor a divisão do Reino de Salomão. Jeroboão, general efraimita de Salomão, seria rei sobre 10 tribos do Norte (cf. 1Rs 11,28-39). Mais tarde, o próprio Aías pede a pena de morte para Abdias, filho de Jeroboão I, bem como a destruição total da dinastia deste (cf. 1Rs 14,10-18; 15,29s).

Aías de Silo, que no princípio de sua atividade profética mantinha viva a esperança na renovação da monarquia, com Jeroboão I no comando das tribos do Norte, no fim de sua carreira, aparece decepcionado com esse general, o qual, não obedecendo à Lei, criou "bezerros de ouro", restaurou os santuários de adoração em Dan e Betel, desprezou o Santuário de Silo, sua terra natal e lugar da Arca da Aliança, e instituiu o culto real para o exercício próprio das funções sacerdotais.

O apócrifo *Vida dos Profetas* conta que Aías de Silo profetizou que Salomão provocaria a ira do Senhor. Predisse

---

[24] Cf. o apócrifo *Vida dos Profetas* 18,1.5, citado por Tillesse em *Revista Bíblica Brasileira*, Fortaleza, Nova Jerusalém, n. 17, p. 574, 2000.

a Salomão que as suas mulheres o perverteriam e à sua posteridade. Também censurou Jeroboão por estar procedendo falsamente para com o Senhor. Ele viu uma junta de bois pisando o povo e correndo contra os sacerdotes.

Elias: o Senhor é meu Deus

Elias, nome que significa "O Senhor é meu Deus", era um profeta itinerante, um homem de Deus, sem vínculo com santuário algum. Sua biografia tem aspectos legendários e milagreiros (cf. 1Rs 17–19).[25] A tradição a fez parecer com a de Moisés: fuga, refúgio em país estrangeiro, realização de sinais e prodígios, recebimento da manifestação de Deus. O povo guardou na memória a idéia de que "Elias vai voltar" (cf. Ml 3,23).[26] Elias era visto como precursor de Deus no juízo e na vinda do Messias. Atuou por volta dos anos 874 a 853 a.E.C., mais propriamente nas dinastias de Israel do rei Acab e Ocozias.

Elias era de Tesbi, na Arábia, da tribo de Aarão. Vivia em Galaad, pois Tesbi havia sido dada aos sacerdotes. Quando nasceu, seu pai, Sobaca, viu aparecer homens de um branco resplandecente. Eles o saudaram e deram (a Elias) chamas de fogo para comer (Sir 48,1). Ele (Sobaca) foi para Jerusalém (consultar) o oráculo (a esse respeito). E (o oráculo) respondeu: Não tenhas medo, pois sua morada será a Luz e sua palavra, Julgamento, pois julgará Israel (*Vida dos Profetas* 21,1-3).

Elias denunciou o confisco de terras realizado pelo rei Acab (aproximadamente, 874 a 852 a.E.C.), que mandou matar Nabot e apoderou-se de suas terras (cf. 1Rs 21). Essa atitude marcou muito a sua profecia, mas ele também denunciou a

---

[25] Cf. também 1Rs 21,17-28; 2Rs 7,3-2.12.

[26] Cf. também Eclo 48,10-12; Mt 16,14.

idolatria (cf. 1Rs 18,16-18) do povo, bem como o rompimento da aliança com Deus, a derrubada dos altares de Deus e a morte dos verdadeiros profetas. Elias acusou e enfrentou os profetas de Baal (cf. 1Rs 18,16-40).

A solução de Elias foi o javismo, a fé em Deus. Por causa das alianças dos reis Amri e Acab com Tiro, o povo prestava culto ao Senhor e a Baal. Elias, indo ao encontro do povo, foi incansável na denúncia desse sincretismo religioso. Ele acreditou na purificação do javismo. Esta foi sua bandeira de luta. O povo tinha de escolher entre o Senhor e Baal (cf. 1Rs 18,19). Em seguida, precisava observar a lei deuteronomista (cf. Dt 13,1-5; 18,19-22) e "degolar" os falsos profetas de Baal.

O desejo de Elias era um só: "O Senhor é o Deus de Israel" e nele deveria estar a esperança do povo, do menor ao maior, do governante aos governados. Ao denunciar os abusos da monarquia e fazer milagres, Elias devolveu a vida e a esperança a seu povo.

Miquéias, filho de Jemla: quem é como o Senhor?

Miquéias, nome que significa "Quem é como o Senhor?", atuou em Israel, Reino do Norte, no tempo de Elias, sob o governo de Acab (aproximadamente entre 874 e 853 a.E.C.). Como Moisés e Elias, ele esteve próximo do povo e longe das cortes reais.

Miquéias, filho de Jemla, denunciou os falsos profetas da corte (cf. 1Rs 22,22) e os reis Acab e Josafá, que queriam ser confirmados na decisão tomada de recapturar a cidade Romot, de Galaad.

A solução apresentada por ele foi a inevitável derrota dos israelitas, na luta de reconquista de Ramot, e a conseqüente morte do rei Acab (cf. 1Rs 22,17).

O conflito entre Miquéias e os falsos profetas da corte parecia evidenciar a luta dele contra a religião. Ao fazer uso de falsos profetas, apoiavam-se os abusos políticos e religiosos dos reis. Dizendo que só falaria o que o Senhor lhe revelasse, Miquéias esperava que a fé javista pudesse ser purificada. Não se podia dizer o que o rei queria ouvir, mas o que o Senhor queria para o seu povo. Nisso estava a sua esperança.

Eliseu: Deus ajudou

Discípulo de Elias, Eliseu superou o mestre em número de milagres. Sua biografia é legendária (cf. 1Rs 19,19-21).[27]

> Eliseu era de Abel Meula, na terra de Rúben. Um sinal aconteceu a respeito desse homem. Quando nasceu, em Guilgal, o bezerro de ouro mugiu tão alto que se ouviu em Jerusalém, e os sacerdotes declararam, por meio de Urim, que um profeta havia nascido em Israel, o qual iria destruir suas imagens esculpidas e seus ídolos fundidos. Quando morreu, foi enterrado em Samaria. Depois da morte de Eliseu, um homem morreu e quando o enterraram jogaram-no em cima de seus ossos: quando tocou os ossos de Eliseu, o morto ressuscitou (2Rs 13,20-21) (*Vida dos Profetas* 22,1-3.17).

Eliseu foi o líder de um movimento político-religioso em prol da reforma monárquica. O profeta atuou aproximadamente entre os anos 852 e 783 a.E.C., no Reino do Norte, Israel, sob o governo de Jorão, Jeú, Joás e Joacaz.

Ele denunciou os pecados de idolatria da "Casa de Acab" (cf. 2Rs 9,1-10), bem como do rei de Israel, Jorão (cf. 2Rs 3,13), e a inveja de seu servo Giezi (cf. 2Rs 5,20-27).

---

[27] Cf. também 2Rs 13,8-15; 13,14-21; 9,1-15.

Várias foram as soluções apresentadas por Eliseu, a saber: o povo deveria acreditar que o Senhor é o Deus verdadeiro de Israel (cf. 2Rs 5,1-19); a monarquia tinha de ser reformada, o que aconteceria somente por meio de uma revolução (cf. 1Rs 19,15-17; 2Rs 9,1-37); a unção de Jéu, filho de Nansi, como rei de Israel, no lugar de Jorão, filho de Acab (cf. 2Rs 9); a eliminação da descendência de Acab e de sua esposa, Jezabel (cf. 2Rs 10); a extinção do culto a Baal (cf. 2Rs 10, 28).

Eliseu acalentava a esperança de que, mudando o governo, a situação melhoraria. O movimento liderado por ele, chamado "Filhos de Profetas", nasceu na dinastia de Omri. Juntos, conseguiram destronar a dinastia de Acab, eliminar o culto a Baal e devolver a esperança ao povo.

Amós: o Senhor é forte

Amós significa "O Senhor é forte". Atuou aproximadamente entre os anos 783 e 738 a.E.C, nos reinados de Azarias e Jeroboão II, no Reino de Israel. Ele nasceu no Sul, em Judá, mas exerceu seu profetismo no Norte, em Israel. Era um homem simples, um camponês. "Amós era de Técua. Depois que Amasias (7,10-17) o tinha torturado cruelmente no pelourinho, o filho deste acabou matando-o, com pancadas de pau na têmpora. Como ainda respirasse, andou até a própria terra onde morreu depois de alguns dias e lá foi sepultado".[28]

Amós fez inúmeras denúncias, dentre elas, contra os comerciantes que se enriqueciam à custa dos pobres (8,4-6); os tribunais que decidiam em detrimento do justo e do indigente (5,10-12), mediante suborno (5,12); a escravidão de prisioneiros de guerra e de devedores (1,6.9; 2,6; 8,6); os tributos e impostos altos (2,8; 5,11); o luxo e a riqueza da classe alta (3,10.15; 4,1;

---

[28] Cf. *Vida dos Profetas* 7,1-3.

5,11; 6,4-7); a religião (5,21-27); as senhoras nobres (4,1); o rei (3,9-11; 6,1) e os proprietários (3,9-11; 6,4-6).

A solução para tantos problemas seria a conversão do povo, tribunais justos (5,15) e fim da escravidão. Ou seja, todos deviam passar a amar o bem e a odiar o mal. Amós não acreditava em mudanças no sistema monárquico. A sociedade do seu tempo estava muito corrompida, seus contemporâneos não queriam converter-se. Por isso, ele dizia que o "Dia do Senhor" seria de trevas e não de luz (5,18).

Sua esperança consistia em acreditar que somente Deus seria capaz de mudar a sorte do seu povo em um tempo de paz (9,11-15). Para tanto, um "resto fiel da casa de José" poderia ser salvo (5,15).

Oséias: o Senhor salva

"Oséias era de Belemot, da tribo de Issacar, e foi enterrado na própria terra, em paz. Ele deu um sinal: o Senhor chegará a terra quando o carvalho que está em Silo se rachar sozinho e doze carvalhos nascerem dele."[29]

No tempo de Oséias (aproximadamente entre 750 e 735 a.E.C.), na dinastia de Jeú, Israel vivia um período político conturbado. A religião e a moral estavam degeneradas.

Oséias, vivendo a traição dentro da própria casa, denunciava que o seu povo não correspondia ao amor que o Senhor lhe oferecia (4). Ele também acusava os comerciantes fraudulentos (12,8), o roubo (4,2), o assassinato (1,4; 4,2; 6,9), os príncipes (9,15), os reis não-teocráticos (1,3-5; 2,2; 4,1–9,9), os sacerdotes extorsivos e ignorantes (4,4; 6,9) e a idolatria (7,13-16).

---

[29]   Cf. *Vida dos Profetas* 5,1-2.

As soluções apresentadas por Oséias foram ousadas. O povo, para se purificar, deveria viver por muito tempo sem rei, sem príncipe, sem sacrifício, sem estelas, sem imagens e amuletos (3,4). A monarquia e o culto teriam de desaparecer por muitos anos. As ambições políticas e as intrigas do palácio eram para ele as causas da opressão. Então, dizia que a resolução de todos os problemas viria, mais que do ser humano, de Deus.

Oséias esperava um futuro melhor, que chegaria depois do processo de conversão e purificação do povo. Deus iria tirar da esposa infiel tudo aquilo que a impedia de ser fiel.

Miquéias: quem é como o Senhor?

Esse camponês, Miquéias de Morasti, atuou como profeta entre os anos de 738 e 693 a.E.C.[30] Outros dados sobre ele estão em *Vida dos Profetas* 6,1-3, que diz: "Miquéias era da tribo de Efraim. Tendo realizado muitas coisas para Acab, foi assassinado por seu filho, Jorão, em um precipício, porque o censurava pelas impiedades de seu pai. Miquéias foi enterrado na própria terra, perto do sepulcro dos Anaquim".

Na época de Miquéias, a religião e a moral estavam também degeneradas. Por isso, ele denunciou com força profética os tribunais e seus juízes corruptos, que agiam por suborno (3,11; 7,3), chegando a jurar falso (6,12); os comerciantes fraudulentos (6,9-15); a escravidão das crianças (2,9); os latifúndios (2,1-5); o roubo de campos (2,2); os príncipes (7,3); os reis (3,1.9.11); os chefes militares (3,1.9); os sacerdotes (3,11) e os falsos profetas (2,6ss; 3,5-8; 3,11).

---

[30] Esse Miquéias não é o mesmo referido anteriormente, Miquéias, filho de Jemla. São dois personagens distintos, sendo o último menos conhecido na história de Israel, mas não menos importante.

Miquéias propôs a reforma agrária (2,1-5); o desaparecimento total de Jerusalém, a cidade construída com o sangue dos pobres; um processo do Senhor contra Israel (6,1-8); a abolição dos armamentos e monumentos pagãos que existiam no país (5,9-14); e a vivência de religião libertadora.

Sua esperança dependia do fim de Jerusalém. Nela estava sedimentada uma sociedade corrupta, que não admitia reformas nem composições. Enquanto Jerusalém não desaparecesse do mapa, a solução não viria, afirmava. Miquéias esperava que o Messias vindo de Belém vencesse os povos (5,1-8) e os dispersos voltassem (4,6-8) para a terra da promessa (Mq 4,6-8).

Primeiro Isaías: o Senhor é a salvação

O Primeiro Isaías atuou entre os anos de 731 e 701 a.E.C. Ele era casado (7,3). Aristocrata de Jerusalém,

> morreu sob Manassés ao ser serrado em dois e foi enterrado debaixo do carvalho de Rogel, perto do lugar onde o caminho cruza o aqueduto que Ezequias interceptou ao obstruir suas fontes. E Deus realizou o milagre de Siloé em favor do profeta. Ele estava extenuado antes de morrer e rezou pedindo água para beber; e imediatamente foi-lhe enviada (água). Por esse motivo, (a fonte) foi chamada Siloé, que significa "enviado" (Jo 9,7). Seu túmulo está situado perto dos túmulos dos reis; ao ocidente dos túmulos dos sacerdotes, no sul da cidade.[31]

O livro do Profeta Isaías aparece na Bíblia com 66 capítulos, conforme a tradição, atribuídos a um único autor. No entanto, estudos mais recentes revelam que o livro pode ser subdividido em três autores e períodos. Os capítulos 1–39 são

---

[31] Cf. Tillesse, Caetano Minette de. Apócrifos do Antigo Testamento II. *Revista Bíblica Brasileira*, Fortaleza, Nova Jerusalém, n. 17, p. 566, 2000.

conferidos ao Primeiro, ou Proto-Isaías, do Reino de Judá. Já os capítulos 40-55, ao Segundo, ou Dêutero-Isaías, do tempo do exílio na Babilônia. E os capítulos 56-66, ou Terceiro ou Trito-Isaías, são do pós-exílio.

Inúmeras foram as denúncias feitas pelo Primeiro Isaías. Destacam-se as dirigidas aos tribunais, que, com seus juízes corruptos, agiam por suborno (1,10-17.21-26); desinteressavam-se pela causa do órfão e da viúva (1,23); absolviam o culpado e condenavam o inocente (5,23); promulgavam leis injustas contra pobres, viúvas e órfãos (10,1-4). O Primeiro Isaías também denunciou a escravidão de órfãos, que se convertiam em butim dos poderosos (10,1-2); os latifúndios (5,8-10); o luxo e a riqueza, relacionados com a ambição política e o domínio da vida urbana sobre o campo (3,18-21; 5,8-10.11-13), os príncipes (1,23; 3,14); o rei (7,8s; 9,13); os chefes militares (1,10); os anciãos (3,14); os tiranos (3,12); as senhoras nobres (3,16-4,1); os usurários (3,12); as autoridades religiosas (3,12); a alegria exagerada de Jerusalém pela vitória (22); os impérios babilônico (13-14)[32] e assírio (14,24-27) e os povos estrangeiros (14,28-19,15; 20,1-21; 22,15-23,17).

Ele propôs a conversão do povo; a justiça nos tribunais (1,17); juízes como os de outrora para converter Jerusalém; novas autoridades, justas e honestas; a continuidade da monarquia, porém com um novo rei que faça justiça aos pobres e oprimidos (9,1-6; 11,1-9; 32,1ss).

O Primeiro Isaías tinha mais esperança que Amós. Não porque acreditasse na conversão do povo, mas porque Deus iria intervir. O "Dia do Senhor" será de terror (2,6-21).

---

[32] Is 14 talvez seja fragmento de um texto dirigido a Sangar ou a Senaquerib, reis da Assíria, e mais tarde adaptado à época do exílio babilônico. Is 14 faz parte dos textos dos assim chamados "Profetas anônimos de Jerusalém".

Hulda

Casada com Selum, membro da corte de Josias, a profetisa Hulda morava em Jerusalém. Ela atuou na época da reforma religiosa de Josias, por volta dos anos 640 a 609 a.E.C. Denunciou o abandono do Senhor e a idolatria (cf. 2Rs 22,17).

Ela pensava que a solução para todos os problemas estava no fim de Jerusalém e de seu povo (cf. 2Rs 22,16). O rei Josias, por ter feito penitência, seria poupado de presenciar a desgraça anunciada (cf. 2Rs 22,19). O livro da Lei encontrado no Templo era verdadeiro e devia ser seguido pelo povo.

A profetisa Hulda, como já vimos, uma das poucas mulheres a receber esse título no mundo bíblico, teve papel importante no incremento da reforma deuteronomista de Josias (cf. 2Cr 34–35), o que significou vida nova para o povo e a esperança de dias melhores no seguimento do Senhor.

Sofonias: o Senhor esconde

Discípulo espiritual de Isaías, Sofonias era realista e sonhador. Ele atuou entre 630 a.E.C. e 622 a.E.C., época do declínio do império assírio e do reinado de Josias, em Judá (1,1; 1,4a). "Sofonias era da tribo de Simeão, da fazenda de Sarabata. Ele profetizou sobre a cidade e sobre o fim dos gentios e a vergonha dos ateus. Morreu e foi enterrado na sua fazenda."[33]

Ele denunciou os comerciantes (1,10-11), os príncipes (1,8; 3,3), os juízes (3,3), os chefes de polícia (1,8), os sacerdotes (3,4) e os falsos profetas (3,4).

Propunha como solução: uma reforma religiosa; a conversão do povo (2,1-3; 3,1-5); a intervenção divina que deixaria "um

---

[33] Cf. *Vida dos Profetas* 13,1-3.

povo *pobre e humilde*",[34] o que resolveria a situação sem a ajuda de novas autoridades (3,12-13). Somente Deus poderia salvar o seu povo. O poder da prata e do ouro em nada ajudaria (1,18). Sofonias propôs também a criação de um novo "povo de Deus" formado pelos não-israelitas, que invocassem o nome do Senhor, e o "resto de Israel", que confiava no nome do Senhor (3,9-11).

Além disso, acreditava que Jerusalém e as suas autoridades políticas e religiosas não queriam a conversão (3,1-4). Ele esperava o "Dia do Senhor" para poder pôr fim a toda situação de injustiça (1,2-18). Deus faria justiça (1,12b), castigaria o seu povo, mostrando não ser conivente com a sociedade corrupta (1,15.18).

Naum: consolado por Deus

Naum atuou como profeta aproximadamente entre 668 e 612 a.E.C., no período do governo de Manassés, no Reino de Judá. Nessa época, as cidades de Tebas, no Egito, e Nínive, na Assíria, foram tomadas. "Naum nasceu e foi enterrado na sua terra natal, Elquesi (*El Qôs*), para além de Isbegarin (Eleuterópolis), da tribo de Simeão."[35]

As denúncias de Naum dirigiram-se: contra a crueldade; a astúcia e corrupção dos assírios (2,12-13); e os pecados da cidade de Nínive (3,1-7) e Judá (1,9). Teceu também críticas, embora de forma velada, à política pró-assíria do rei Manassés.

As soluções apresentadas foram: juízo e justiça divinos (2–3); acreditar que o futuro seria melhor (2,1-2); destruição total de Nínive (3,7); e destruição e salvação de Judá (1,9-10.12-13; 2,1).

---

[34] Esses pobres e humildes, ou humildes da terra, são aqueles que crêem em Deus e sofrem as injustiças dos ricos e oprimidos.

[35] Cf. *Vida dos Profetas* 11,1.

Naum alimentou as esperanças do povo de que a grande opressora, a Assíria, iria ser derrotada. Deus julgaria a sanguinária Nínive e o país da Assíria (2,2-3,7).

Habacuc: hortelã aquática

Realista, contestador, lamentador e esperançoso, Habacuc, assim como Jó, é o "homem da crise". Ele atuou entre 625 e 598 a.E.C., período em que Judá vivia sob a dominação do império neobabilônico, pagando-lhe tributos.

> Habacuc era da tribo de Simeão, da fazenda de Bet-Zucar. Antes do cativeiro, teve uma visão da destruição de Jerusalém e ficou muito aflito. Quando Nabucodonosor chegou a Jerusalém, fugiu para Ostraquine e morou como estrangeiro na terra de Ismael. Quando os caldeus voltaram (para a Babilônia) e o resto dos judeus que estava em Jerusalém foi para o Egito, ele foi morar na sua terra a serviço dos que faziam a colheita no seu campo. Ele tomou alimentos e profetizou à sua família: "Vou para um país longínquo, mas voltarei logo. Se eu demorar, levai alimentos para os ceifeiros". Depois foi (levado) para Babilônia e deu os alimentos a Daniel (Dan 14,33-39). Quando voltou, aproximou-se dos ceifeiros que estavam precisamente se alimentando, mas não contou para ninguém o que havia acontecido. Entendeu, porém, que o povo iria voltar logo da Babilônia. Ele morreu dois anos antes da volta do povo. Foi sepultado sozinho na própria fazenda.[36]

As denúncias de Habacuc foram contra: a não-observância da Lei (Hab 1,4); os juízes corruptos (1,4); o roubo (2,9-10); a política injusta (2,12-14); a idolatria (2,18-20); os impérios egípcio (1,2) e babilônico (1,12-17) e o cinismo do conquistador

---

[36] Cf. TILLESSE, Caetano Minette de. Apócrifos do Antigo Testamento II. *Revista Bíblica Brasileira*, Fortaleza, Nova Jerusalém, n. 17, p. 573, 2000.

(ou qualquer pessoa) que embriagava o seu próximo para lhe contemplar a nudez (Hab 2,15).

Ele chamava o povo a ter confiança na justiça humana e na força libertadora do Senhor (Hab 3). A seu ver, a salvação viria pela fé, e não pela observância da Lei (2,4). É o que são Paulo, mais tarde, aprofundaria em sua teologia da "justificação pela fé" (Rm 1,17; Gl 3,11).

Habacuc, que em um primeiro momento acreditara na reforma de Josias, percebeu que não mais seria possível esperar uma solução baseada na Lei. Ele perdeu a confiança na reforma deuteronomista, mas tinha fé em que Deus venceria (2,1-3; 3,15.19). Essa descoberta lhe restitui a esperança.

Jeremias: o Senhor exalta, faz nascer, é sublime

Jeremias é um dos profetas bíblicos mais importantes. Homem de profunda piedade, era sensível ao sofrimento e à crise. Ele optou por não se casar para dedicar-se ao profetismo, entre os anos de 626 e 587 a.E.C. Atuou na cidade de Jerusalém.

Segundo o apócrifo *Vida dos Profetas* 2,1-6, Jeremias era de Anatot e morreu em Táfnis, no Egito (Jr 43,7s), apedrejado por seu povo. Foi sepultado nos arredores do palácio do Faraó, porque os egípcios tinham-no em alta estima, em razão de haverem recebido benefícios por meio dele: com orações, expulsara as áspides e os monstros aquáticos – que os egípcios chamam Nefot e os gregos, crocodilos. Os que temem a Deus oram, até hoje, no lugar da sua sepultura e pegam areia local para curar picadas de áspides. Segundo relatos dos servidores de Antígono e Ptolomeu, Alexandre de Macedônia, depois de ter ficado no túmulo do profeta e ser testemunha de seus mistérios (ou "milagres"), trasladou seus restos mortais até Alexandria e os colocou em círculo no perímetro da cidade, com muitas honras. Assim, toda a raça de áspides foi afastada do país, e os crocodilos, do rio.

A época de Jeremias foi marcada, sobretudo, pela invasão da Babilônia, que destruiu Jerusalém. Inúmeras são as denúncias desse profeta contra:

- os tribunais com seus juízes corruptos, que não têm interesse pela causa do órfão e do pobre (5,28);

- os comerciantes que se enriquecem à custa dos pobres (5,27);

- os sacerdotes que usam a religião em proveito próprio (5,31) e colaboram com a injustiça (8,4–9,25);

- a escravidão (34,8-22);

- o salário não pago aos trabalhadores (22,13);

- o roubo (7,9) e o assassinato (2,34; 7,9);

- o luxo e a riqueza (5,25-28; 17,11);

- a ânsia de se enriquecer (6,13; 8,10; 22,17);

- os príncipes (34,10.19) e ministros do rei (22,2);

- os eunucos (34,19) e o rei (22,13-19);

- os falsos profetas (23,9) e os poderosos.

Assim como as denúncias, o profeta Jeremias propôs diversas soluções, como: a conversão do povo (3); um novo rei, suscitado por Deus, para impor o direito e a justiça (23,5-6); uma "Nova Aliança" de Deus com o povo, escrita no seu coração, com o perdão dos pecados e sem mais lembranças deles (31,31-34); justiça nos tribunais (7,5; 21,12; 22,1-5); libertação dos escravos no fim de cada sete anos; ação implacável de Deus contra os que desobedecem à lei referente à liberdade do escravo (34,13-22); o "Dia do Senhor" como dia de angústia (30,5-7); a não-aceitação do projeto de resistência militar ao império babilônico, encabeçado por Sedecias. Jeremias apoiava Godolias, governador nomeado pelo rei da Babilônia, e com isso rejeitava a casa de Davi, que também constitui outra solução apresentada pelo profeta.

Ele acreditava que a salvação do povo e da monarquia dependia da conversão deles. Por outro lado, não alimentava muitas esperanças nessa possibilidade. Ao colocar sua esperança em Godolias, cria em uma saída possível para manter o projeto do Senhor. Percebeu que o projeto histórico estava longe da sua realidade; por isso, apresentou uma mediação possível. Com Godolias, isto é, com o império babilônico, Deus iria nos castigar. Chegaria, porém, o tempo da libertação, sonhava o profeta.

Baruc: Bento

É difícil datar a época de atividade de Baruc, pois seu livro é uma coletânea de textos de diferentes períodos. Ele atuou com Jeremias (625 a 580 a.E.C.).

Baruc denunciou a idolatria praticada na Babilônia, com sacrifício aos demônios e não a Deus (1,22; 4,7b), o desprezo aos ensinamentos dos profetas (1,21) e o abandono de Deus (3,12).

As soluções aos problemas que transparecem no texto de Baruc são: a conversão e confissão pública dos pecados (1,14–3,8), o perdão divino e o fim da idolatria.

A esperança em um futuro melhor, com o conseqüente perdão de Deus, no entanto, estava condicionada, na visão de Baruc, a uma conversão radical. Ele tinha certeza de que Deus não abandonara o seu povo. Ele continuava fiel às promessas.

Para tanto, o(s) autor(es) do livro dedicado a Baruc, munido de esperanças messiânicas, encoraja os habitantes de Jerusalém a confiarem em Deus (4,5.21.27.30).

Abdias: servo do Senhor

O profeta Abdias atuou no período do exílio babilônico e na reconstrução do país, com a volta dos deportados (586 a 450 a.E.C.).

> Abdias era da região de Siquém, da fazenda de Bet-ha-Caram (ou Bet-ha-Querem; casa da vinha?). Foi discípulo de Elias e, se bem que sofresse muito por causa deste, escapou com vida. Ele foi o terceiro chefe de cinqüenta, que Elias poupou e acompanhou para ir ter com Ocozias (2Rs 1,13-16). Depois desse acontecimento, ele deixou o serviço do rei e começou a profetizar. Morreu e foi sepultado com seus pais.[37]

Abdias denunciou os edomitas (vv. 1-15), os quais, segundo a tradição bíblica, são descendentes de Esaú, irmão de Jacó (cf. Gn 25,23-34). Eles, por motivo de vingança (cf. 2Rs 8,20-22) e desejo de apropriarem-se das terras de Israel, se aliaram aos babilônios.

Abdias acreditava que Deus interviria com um castigo inevitável e universal. Ele propôs a destruição total de Edom (v. 18), que não devia ser perdoada.

Abdias tinha esperança de que, no "Dia do Senhor", o país seria restaurado (vv. 8-15). O castigo divino teria um valor corretivo. Jerusalém seria restabelecida pelos descendentes de Jacó (vv. 19-21).

---

[37] Cf. *Vida dos Profetas* 9,1-4, citado por Tillesse em *Revista Bíblica Brasileira*, Fortaleza, Nova Jerusalém, n. 17, p. 572, 2000.

Ezequiel: Deus lhe dê a força

Ezequiel conheceu a dor do exílio na Babilônia, onde Deus o chamou para ser profeta, em 593. Assim agiu até 572 a.E.C, época em que foi assassinado.

Ezequiel nasceu dos sacerdotes, no país de Arira, e morreu no país dos Caldeus durante o cativeiro, depois de ter profetizado muitas coisas ao povo que morava na Judéia. O chefe do povo de Israel o matou, depois de ter sido censurado por ele em razão da adoração de ídolos. Enterraram-no no campo de Maou, no sepulcro de Sem e Arfaxad, antepassados de Abraão. Esse sepulcro é uma gruta dupla, na qual se inspirou Abraão, quando construiu o sepulcro de Sara. É chamada "dupla" porque é um corredor sinuoso e possui um sobrado, que não se vê do andar térreo e está suspenso acima do chão nas rochas íngremes.[38]

Várias são as denúncias de Ezequiel, a saber:

- aos tribunais com juízes que agem por suborno (22,12), promulgando sentenças criminosas (7,23);

- à cidade de Tiro, que abandona Jerusalém na defesa contra os babilônios (26);

- ao império egípcio (29);

- à idolatria (18,5);

- ao roubo (18,7.12.16.18; 22,29);

- aos assassinatos (7,23);

- ao luxo e à riqueza como fruto da opressão do próximo (22,12);

- à ânsia por enriquecimento (33,31);

---

[38] Cf. *Vida dos Profetas*, 2,1-4, citado por Tillesse em op. cit., p. 567.

- aos chefes (22,27), reis (34) e autoridades (22,6);

- aos sacerdotes (22,26);

- aos falsos profetas (22,28);

- às profetisas (13,17-23).

Ezequiel acreditava que Deus iria agir depondo as autoridades e ocuparia o seu lugar. Um novo Davi assumiria a sua representação na terra (34; 45,8). O Senhor julgaria o seu povo (39,21-29). O "Dia do Senhor" seria de ira (22,24). Por fim, Ezequiel propôs, como solução para tantos problemas, a purificação do povo e o conseqüente recebimento de um novo coração e um novo espírito (11,19).

Ezequiel confiava que a intervenção do Senhor criaria um novo céu e uma nova terra, daria ao ser humano um coração novo, poria o seu Espírito no íntimo de cada um, e uma "Nova Aliança" seria feita com o povo (36,26-28). Nisso estava sua esperança.

Segundo Isaías: o Senhor é a salvação

Os capítulos 40 a 55 compõem o livro do Segundo Isaías, que foi grande teólogo e poeta. Atuou, aproximadamente, entre 553 e 539 a.E.C, época do declínio do império neobabilônico e surgimento da Pérsia como nova potência.

Sabedor das dificuldades, Segundo Isaías alimentava no povo a esperança de um novo tempo. A sua solução estava em Ciro, rei da Pérsia, que confiava ser o instrumento de Deus para libertar o seu povo (45,1-8; 48,12-15) da dominação babilônica. Babilônia cairia (46). Os pagãos iriam se converter ao Senhor (42,1-4.6).[39] Jerusalém seria libertada (52,1-12).

---

[39] Cf. também 45,1-16.20-25; 49,6; 55,3-5.

Em meio a uma forte onda de pessimismo e crise de fé e esperança entre os exilados (40,27; 49,14), Segundo Isaías tornou-se o "cantor do retorno do exílio", do "novo êxodo". Ele fundamentou sua esperança no retorno à terra da promessa. O seu projeto era real. Ciro seria a salvação do povo. Sonhar com um "novo tempo" é preciso (55). Essa é a promessa de Deus (43,13; 41,10; 44,6; 48,12).

Ageu: o festeiro

O tempo de atuação do profeta Ageu parece ser curto. Foi por volta de 27 de agosto a 18 de dezembro de 520 a.E.C. Nessa época, ocorreu a reconstrução de Jerusalém e do povo. Ciro, o "libertador" do jugo babilônico, morreu em 529 a.E.C. Sucedeu-lhe no trono o seu filho Cambises, um tirano cruel. Começou, então, uma revolta popular. Dario I sucedeu Cambises no trono e a paz voltou ao país.

Ageu, que é também chamado "anjo" (ou mensageiro), voltou cedo da Babilônia para Jerusalém. Era ainda um jovem rapaz. Profetizou abertamente sobre a volta do povo e foi testemunha da reconstrução duma parte do Templo. Quando morreu, foi enterrado na proximidade dos últimos sacerdotes e recebeu as mesmas honras que eles.[40]

Ageu não acusava propriamente o povo; somente ressaltava que as impurezas do povo no culto impediam a ação salvadora de Deus (2,10-14).

Ele acreditava que o Templo de Jerusalém devia ser reconstruído (1,2-15; 2,15-19) e, com ele, o povo. Israel precisava de independência política (2,6-8.21-23). Zorobabel, filho de Salatiel, seria escolhido como representante de Deus para fazer valer o seu plano (2,1-9). Zorobabel tornou-se, portanto,

---

[40] *Vida dos Profetas* 14,1-2.

o sucessor de Davi, que restabeleceria os ideais messiânicos, monárquicos e a prática da Lei (2,23). Deus interviria. Os poderes dos gentios seriam destruídos (2,21ss), e Judá seria libertada (2,6-8.21-23). Nisso, também, estava sua esperança.

Primeiro Zacarias: o Senhor se recordou

O Zacarias dos capítulos 1 a 8, do livro que leva o mesmo nome, aparece como um homem otimista e sonhador. Ele atuou, aproximadamente, entre os anos de 520 e 518 a.E.C. Morreu em idade avançada e foi sepultado perto de Ageu.

O Primeiro Zacarias denunciou, sobretudo, os tribunais com juízes corruptos que juravam falsamente (5,3-4; 8,17) e os que se apropriavam de forma indevida das terras dos desterrados, aqueles que voltavam do exílio da Babilônia (5,1-4).

As soluções apresentadas pelo Primeiro Zacarias foram: conversão do povo (1,1-6); entendimento entre as autoridades civis (Zorobabel) e religiosas (Josué) (3,9; 4,6-7); justiça nos tribunais (7,9; 8,16), e reconstrução de Jerusalém e do Templo (1,13-17).

Ele esperava que a ação de Deus criasse uma sociedade justa (8). Contrário a muitos profetas, tinha uma atitude otimista (1,12-13; 7–8). Para ele, o pecado do povo causara a maldição do exílio na Babilônia, mas Deus perdoou o povo. Os maus seriam expulsos. Uma nova história deveria recomeçar com a reconstrução do país (3,10; 5,1-4; 8,3-6.10.16-17). Confiava, então, na ação de Deus e no compromisso com a justiça e o direito (1,13-17).

Malaquias: meu mensageiro

Polêmico, realista e rude na linguagem, Malaquias atuou como profeta no ano 515 a.E.C. Muitos estudiosos não acreditam que ele seja o autor do livro que leva seu nome. Na tradição judaica, é o último dos profetas.

Malaquias nasceu em Sofa (*Mons Scopus*, Monte das Oliveiras). Depois do retorno e desde sua primeira juventude, levava uma vida virtuosa. Como todo o povo o honrava como santo e afável, chamaram-no de Malaquias, que significa "Anjo", pois era muito bonito de aspecto. Além do mais, tudo que profetizava era repetido por um anjo que aparecia no mesmo dia, como acontecia também nos dias da anarquia, como está escrito em *Sefer Shoftim*, isto é, no livro dos Juízes. Quando era ainda jovem, foi reunido aos seus pais e enterrado na sua fazenda.[41]

Ele denunciou os edomitas (1,1-5),[42] bem como aqueles sacerdotes que haviam perdido a autoridade para continuar as reformas idealizadas por Ageu e Zacarias (1,6–2,9; 3,6-12); também os tribunais que mantinham os juízes corruptos (3,15); o salário injusto (3,5), e os casamentos mistos (2,10-16).

Propôs a reformulação do culto, o que o diferencia dos outros profetas. Afirmava que o julgamento de Deus separaria o justo dos malvados (2,17–3,5.13-21). Viria o "Dia do Senhor" como dia de julgamento, que asseguraria o triunfo dos justos e a ruína dos pecadores (3,19-23). O povo deveria voltar a observar a Lei. O profeta Elias voltaria antes mesmo do juízo (3,23-24).

Malaquias não colocava sua esperança em um futuro escatológico,[43] mas acreditava na ação iminente de Deus para manter o país que apenas tinha recomeçado. Deus viria, mas só depois que seu mensageiro (Malaquias) tivesse purificado o sacerdócio e o Templo (2,17–3,5).

---

[41] *Vida dos Profetas* 16,1-4.

[42] Veja as observações que fizemos quando analisamos o profeta Abdias. Edom foi invadido por povos vindos do sul da Península Arábica, como, por exemplo, os nabateus.

[43] Nesse sentido, veja as drásticas conseqüências do "Dia do Senhor", apresentadas por outros profetas.

Terceiro Isaías

A autoria dos capítulos 56 a 66 de Isaías é atribuída ao aqui denominado Terceiro Isaías e, por outros, Trito Isaías, que possivelmente atuou entre os séculos VI e V a.E.C. Nessa época, ocorreu o retorno do exílio da Babilônia e apareceram os primeiros conflitos entre os repatriados e os que permaneceram na terra.

O Terceiro Isaías denunciava: o enriquecimento de alguns (56,11); os chefes do povo (56,9-12); a idolatria (57,3-13); o Templo e a aliança do sacerdócio com os persas (66).

Ele apresentou como solução desses problemas: o compromisso com a justiça e com o direito (56,1); Israel também devia considerar os estrangeiros convertidos como membros da religião judaica (56,4-6); o sacerdócio judeu precisava se abrir a todos e não se aliar ao império persa; o sábado não podia ser violado; e um julgamento divino aconteceria (63; 65). Enfim, sua proposta era a de ler o passado à luz do presente. Disso nasceu o "projeto Luz das Nações".[44]

Assim como anunciara o Segundo Isaías, o Terceiro Isaías esperava que Deus salvasse definitivamente o seu povo; porém, acreditava que o cumprimento dessa promessa dependia da observância da justiça e do direito pelo povo. Ele contava igualmente que Jerusalém voltaria a seu esplendor (60).

Ao esperar por um novo tempo, ele sonhava. O seu projeto, a sua esperança consistiam em fazer uma nova experiência de Deus e reler o passado à luz do presente. Muitos, por acharem que Israel não devia acolher os estrangeiros, não aceitaram o projeto do Terceiro Isaías, e acabou prevalecendo o projeto restaurador de Sesabassar, Zorobabel e Josué (cf. Esd 1–6).

---

[44] Cf. SCHOANTES, V. & MESTERS, C. *La fuerza de Yahvé actúa en la historia.* Breve história de Israel. Cidade do México, Dabar, 1992.

Joel: o Senhor é Deus

Entre os profetas, talvez deste seja mais difícil determinar o período em que atuou. Há hipóteses de 520 ou 323 a 287 a.E.C. Segundo a tradição apócrifa, encontrada em *Vida dos Profetas* 8,1, "Joel era do território de Rúben, na fazenda de Betmoron (ou Betmaon?) (1Cr 5,4-9). Morreu em paz e foi enterrado lá".

Embora nada tenha denunciado, explicitamente, Joel dizia que viria o "Dia do Senhor", e que seria terrível (2,1-11; 3,1-5).[45] Nesse dia, Deus iria infundir o seu espírito sobre todos, os quais se tornariam profetas (3,1-5).[46] O "Dia do Senhor" seria, ao mesmo tempo, dia de esperança, pois Deus restauraria Israel. Falava ainda de juízo divino e universal (4,2.11-14), e que o povo precisava fazer penitência (1,13-15; 2,12-17) segundo os ritos prescritos. O culto reformulado seria a salvação para o povo, o qual era convidado a participar no projeto salvador de Deus (4,9-10).

Joel sonhava com um tempo de abundância, felicidade e salvação para o povo (2,21-27).[47] Ele é o profeta da esperança: Deus iria perdoar e salvar o seu povo.

Jonas: pomba de asas aparadas

Jonas atuou aproximadamente no ano 400 a.E.C, período da reconstrução de Israel. Sobre ele, conta o apócrifo *Vida dos Profetas* 10,1-11 que:

---

[45] Joel concordava com Amós e Jeremias em que o "Dia do Senhor" seria terrível. Por outro lado, para ele, Deus era compassivo e se arrependia das ameaças (2,13). "A catástrofe presente não é sinal de um castigo ainda maior" (cf. SCHÖKEL, Luís Alonso & SICRE, José Luis. *Profetas II*. São Paulo, Paulus, 1991. p. 958).

[46] Pentecostes foi, para os cristãos do Segundo Testamento, a realização dessa profecia (cf. At 2,16-21).

[47] Cf. também Jl 3,1-5; 4,16b-18.20.

era da região de Cariat-Maús, perto da cidade grega de Azoto, próximo ao mar. Quando foi vomitado pelo monstro marinho, andou até Nínive e depois voltou, mas não ficou na sua pátria, pois levou consigo sua mãe e foi morar no território de Sur (Tiro) em país estrangeiro, dizendo: "Assim evitarei o escândalo por ter profetizado a mentira contra Nínive, a grande cidade" (Jon 4,1-2). Na época em que Elias estava censurando a casa de Acab e havia pedido a (Deus) que houvesse uma fome sobre a terra, ele fugiu. Achou uma viúva com seu filho (pois não agüentava ficar com os incircuncisos). Ele a abençoou. E, quando seu filho morreu, Deus o ressuscitou de entre os mortos por Elias, pois queria lhe mostrar que não é possível fugir longe de Deus. Depois da fome, ele se levantou e foi para a terra de Judá. Sua mãe morreu durante a viagem, e ele a enterrou perto do carvalho de Débora (Gen 35,8). Depois de ter morado na terra de Seir (Edon), onde morreu, foi enterrado no túmulo de Quenez, que havia sido juiz de Israel no tempo da anarquia (= dos Juízes, 16,3). Ele deu um sinal sobre Jerusalém e o país inteiro que, quando ouvissem uma pedra gritar amargamente, o fim estaria próximo. E, quando vissem todos os gentios em Jerusalém (era o sinal de que), a cidade inteira seria arrasada até o chão.

Jonas denunciou a mentalidade exclusivista dos judeus, exacerbada por Neemias e Esdras. De forma anacrônica, o seu texto remete a outro período histórico sem relação concreta com sua situação, já que aponta os pecados da cidade de Nínive, capital da Assíria (1,1-2).[48]

O livro propõe ao povo de Nínive a penitência (3,7-9). Deus teria misericórdia para com Nínive (3,10), que representava o opressor. Basicamente, o livro atribuído a Jonas quer discutir a universalidade da salvação.

---

[48] Nínive ficou na memória do povo de Israel como símbolo das crueldades do sistema opressor assírio (cf. Is 10,5-15; Sf 2,13-15).

A história, alegoria ou parábola de Jonas baseia-se em: a) uma dupla esperança, a salvação para todos, não somente para os judeus (4); b) Deus também salva e ama o opressor convertido (3,10).

Segundo Zacarias

Os capítulos 9 a 14 de Zacarias falam de outro profeta que atuou possivelmente no fim do século IV. Trata-se de Segundo Zacarias, que denunciou os países vizinhos a Israel (9,1-8), os monarcas estrangeiros (10,3) e os falsos profetas (13,4-6).

A solução apresentada por ele era um novo rei para Jerusalém (9,9-10). Deus agiria para destruir e libertar Jerusalém, considerada o centro do mundo (12,1-8; 14). A purificação do povo (13,9), com a conseqüente eliminação dos pecados, da idolatria, dos falsos profetas (13,1-6) e dos inimigos de Jerusalém (14,12-15), acarretaria o perdão de Deus (12,10–13,1). Ademais, o povo deveria reconhecer o verdadeiro Deus de Israel (13,7-9).

Ele acreditava que o futuro do povo iria se concretizar em um messianismo monárquico, conseguido de forma drástica (9–14). Também falava do "Dia do Senhor". Em uma visão escatológica, anunciava a volta do esplendor de Jerusalém (14), em que Deus libertaria os prisioneiros e defenderia seu povo (9,11-17), e Israel e Judá venceriam seus inimigos (10,3-12).

Daniel: o Senhor é meu juiz

O livro de Daniel foi escrito entre 197 e 164 a.E.C., época da perseguição de Antíoco IV Epífanes e da revolta dos macabeus. Na lista dos livros inspirados dos judeus, Daniel não é contado entre os profetas.

75

Otimista, sábio e intérprete de sonhos, Daniel pertencia a uma família importante de Judá. Segundo o autor de Daniel, ele foi deportado para a Babilônia, onde, com o nome fictício de Baltasar, tornou-se membro da corte.[49]

O apócrifo *Vida dos Profetas* 4,1-21 conta que:

> Daniel era da tribo de Judá, duma família ligada ao serviço dos reis (Dan 1,3); mas, ainda criança, foi levado da terra de Judá para o país dos caldeus. Havia nascido em Bet Horon Superior. Era um homem casto: os judeus pensavam que fosse eunuco. Ficou com grande luto sobre a cidade, jejuou e se absteve de qualquer alimento saboroso. Era um homem de aparência frágil, mas bonito pela graça do Altíssimo. Rezou muito por Nabucodonosor, a pedido de seu filho Baltasar, quando se tornou um animal selvagem dos campos (Dan 4,25-34), para que não perecesse. Sua parte traseira e os seus pés eram de um leão. A respeito desse mistério, foi revelado ao santo homem que (Nabucodonosor) havia se tornado um animal selvagem por causa de sua busca dos prazeres e de sua obstinação, e porque os que pertencem a Beliar tornam-se como boi debaixo do jugo. Os tiranos têm esses vícios na sua juventude, e no final tornam-se monstros, seqüestrando, destruindo, matando e batendo. Por revelação divina, o santo soube que o rei estava comendo capim, como um boi. Assim (o capim) tornou-se alimento para a natureza humana. Foi por esse motivo que Nabucodonosor recuperou um coração humano depois da digestão: costumava chorar e honrar o Senhor, orando 40 vezes de dia e de noite. Beemot investiu contra ele; queria

---

[49] O cenário do livro de Daniel parece ser a Babilônia. Na verdade, o seu autor utilizou tradições orais e escritas sobre um piedoso e sábio chamado Daniel para falar da sua época. O livro de Daniel faz parte do gênero literário apocalíptico, que surgiu em Israel no século II a.E.C. e fins do século I E.C. A apocalíptica nasce quando não há mais profetas. Com seu estilo próprio de anunciar a intervenção de Deus na história, ela resgata a esperança profética, a confiança em Deus, o interesse pela história e pelo destino dos impérios. O estilo apocalíptico é sapiencial, narrativo, fictício, fantasioso e visionário. A obra é atribuída a uma personalidade religiosa do passado.

lhe fazer esquecer que havia sido um homem. Sua língua lhe foi tirada, para que não pudesse falar. Quando percebeu isso, começou logo a chorar, seus olhos se tornaram carne viva de tanto chorar. Muitos saíram da cidade para o olhar. Somente Daniel não quis vê-lo, porque estava em oração por ele, todo o tempo de sua metamorfose. Continuava afirmando: "Ele vai se tornar homem novamente". Mas não acreditavam nele. Daniel fez com que os sete anos – que ele chamava de "tempos" (Dan 4,29) – se tornassem sete meses. O mistério dos sete tempos foi realizado no seu caso, pois foi restabelecido em sete meses. Durante os seis anos e seis meses (restantes), ele se prostrou perante o Senhor, confessando sua impiedade; depois do perdão de sua iniqüidade (Deus) lhe devolveu seu Reino. Durante o tempo de sua confissão, ele não comeu pão nem bebeu vinho; pois Daniel lhe havia ordenado se reconciliar com o Senhor por um jejum, comendo somente verdura e legumes (Dan 1,12.16). Nabucodonosor o chamava Baltasar, porque queria fazer dele seu herdeiro, juntamente com seus filhos. Mas o santo homem disse: "Longe de mim abandonar a herança de meus pais, para me envolver na herança dos incircuncisos". Para muitos outros reis dos persas, realizou muitos prodígios, que não estão (aqui) relatados. Então morreu e foi enterrado com grandes honras no túmulo dos reis. Havia dado um sinal a respeito das montanhas que rodeiam a Babilônia: "Quando a montanha do Norte fumegar, o fim da Babilônia estará chegando; quando incendiar-se, será o fim da terra inteira. Se a montanha do Sul derramar água, o povo (de Israel) voltará para sua terra; se derramar sangue, a matança de Beliar assolará a terra inteira". E o santo homem adormeceu em paz.

Daniel denunciou as infidelidades do povo (9,7), a não-observância da Lei (9,11) e a cruel e sangrenta perseguição de Antíoco IV Epífanes (11,21-39).

Ao contrário do que pensavam outros, para ele, a luta armada dos macabeus não era a solução (11,34) para Israel. Deus interviria e acabaria com o opressor (11,40–12,3). Ele acreditava que o Reino de Deus era eterno (4,32). Os reinos humanos dariam lugar ao reinado de Deus e do seu povo eleito.

O autor de Daniel era um otimista. O que pregou, de fato, não aconteceu. A luta armada dos macabeus foi vitoriosa. Tampouco o reino humano deu lugar ao de Deus. Por outro lado, o exemplo do personagem Daniel, que se manteve fiel a Deus e a suas leis diante das atrocidades do perseguidor, foi motivo de fé e esperança para os judeus do século II, que esperavam por um tempo de paz e liberdade.

Jesus: o Senhor é ou dá salvação

O império romano dominava a Palestina no tempo da atuação profética de Jesus, ou seja, entre os anos 7 ou 6 a.E.C. e 30 ou 33 E.C.

Jesus foi um grande líder popular, querido pelo povo (Lc 11,27), manso, humilde (Jo 13,14-16), severo (Mt 24,4-33), compassivo (Mc 1,41), homem de oração, Filho de Deus, Messias e profeta (Lc 24,19b).

Ele denunciou, dentre tantas coisas, os falsos profetas (Mt 7,15-20); aquele que dá esmola e anuncia o feito (Mt 6,2-4); o jejum dos hipócritas (Mt 6,16); os escribas e fariseus (Mt 23,1-36); a cidade de Jerusalém (Mt 23,37; Lc 13,34-35); Herodes Antipas (Lc 13,31-33); o Templo de Jerusalém e a instituição religiosa que esse representava (Jo 2,13-21; Mc 13,1-4); os vendilhões do Templo; a discriminação da mulher.

As soluções apresentadas por Jesus, dentre outras, foram:

- arrepender-se e crer no Evangelho (Mc 1,15);

- dar esmola e jejuar em segredo (Mt 6,3-4.17);

- abandonar-se à Providência (Mt 6,25-34);

- não julgar (Mt 7);

- rezar sempre (Mt 6,7-15);

- cumprir a Lei (Mt 5,17-19);

- curar os enfermos (Mc 1,32 etc.);

- implementar o Reino de Deus (Mc 1,14);

- o julgamento final (Mt 25,31-46);

- a sua crucifixão como sinal de salvação (Mc 8,31-33);

- ter cuidado com as riquezas (Mc 10,23-27);

- despertar a consciência adormecida do povo, em relação aos fariseus, escribas, saduceus, Herodes, César (Mc 8,15; 12,38-40; Lc 13,31-32; Mt 7,15-20);

- dar testemunho do Evangelho perante governadores e reis (Mc 13,9-10);

- ter uma mística revolucionária (Mt 5,1-12);

- a destruição de Jerusalém (Mc 13,14-23);

- a destruição do Templo de Jerusalém (Mc 13,1-3);

- fazer todos discípulos seus (Mt 28,19-20).

O ministério de Jesus foi o do serviço, da misericórdia, da cura etc. Pregando mudanças nas estruturas sociais do seu tempo, anunciou a Boa-Nova do Reino de Deus. Revelou o rosto paterno e materno de Deus (Lc 15,3-32). Em Jesus, a esperança renasceu para os pobres e marginalizados da sociedade de então e daqueles que vieram depois dele. Muitos, homens e mulheres, se fizeram seus discípulos. As autoridades políticas e religiosas da época procuraram eliminar esse incômodo indesejável. Em Jesus, "o verdadeiro profeta que deve vir ao mundo" (Jo 6,14), já veio. A esperança renasceu na vida dos pobres e marginalizados e de todos aqueles que aceitaram a sua proposta libertadora.

4. Conclusão: um profeta, uma denúncia, uma solução, uma esperança

Após esse longo percurso de ler os profetas sob a perspectiva de denúncia, solução e esperança, já é hora de tirarmos algumas conclusões.

A denúncia profética parte da convicção de que o Deus-Senhor – que libertou Israel do Egito; que fez uma aliança no Sinai; que acompanhou o povo pelo deserto; que o fez entrar na Terra Prometida – é um Deus justo, que não tolera o sofrimento do pobre, do órfão e da viúva, que criou o ser humano para viver e praticar a justiça. O Senhor é tão justo que chega a perdoar o opressor arrependido.

Várias são as soluções apresentadas pelos profetas em Israel. As que mais aparecem são:

- conversão do povo;
- revolução social;
- tribunais justos;
- fim da escravidão;
- fim da monarquia;
- messianismo monárquico;
- reforma agrária;
- novas autoridades;
- confissão pública dos pecados;
- novo coração, novo espírito e nova aliança;

- Ciro, rei da Pérsia, é o libertador;
- conversão dos pagãos;
- união das autoridades civis e religiosas;
- reconstrução de Jerusalém;
- destruição total de Jerusalém;
- reformulação do culto;
- julgamento de Deus que irá separar justos e malvados;
- observância da Torá;
- volta de Elias;
- ler o passado à luz do presente;
- perdão de Deus;
- participação popular na reconstrução do país;
- perdão para o opressor;
- destruição do opressor;
- independência política de Israel.

Dizer que todos os profetas expressaram uma viva esperança na transformação da sociedade de então não nos parece claro. Por outro lado, reduzi-los a um pessimismo fatalista também não é justo. Uma atenta análise da atuação deles na história de Israel, como vimos anteriormente, nos revela que a esperança de cada um é tão diferente quanto a análise que fazem da própria realidade.

Para alguns profetas, a esperança de um novo tempo para o seu povo estava condicionada a mudanças como: conversão, justiça nos tribunais, intervenção divina, etapa prévia de purificação, reforma agrária, compromisso com a justiça e o direito. Diante de tamanhas exigências, seria possível concluir que eles não tinham esperança. Primeiro, porque as exigências eram grandes; segundo, porque o povo, de modo geral, não estava disposto a mudar de vida. Talvez tenhamos de concordar que certos profetas são extremamente pessimistas (ou realistas), como Jeremias; e outros, como Joel, são os arautos da esperança. Em contrapartida, é melhor acreditar que cada um, a seu modo e por ser profeta, tinha esperança. Caso contrário, ele deixaria de sê-lo. Em outras palavras, a esperança nos profetas delineia-se em vários pontos: reconstrução de Jerusalém, como centro religioso e lugar de paz; volta do exílio babilônico; novas lideranças; perdão de Deus para o povo; conversão dos pagãos etc.

Um profeta, uma denúncia, uma solução e uma esperança. Não é possível enquadrá-los em um mesmo esquema. Cada um, atento aos problemas da sua sociedade – o que lhes era peculiar – soube, com base nas propostas da aliança feita com o Senhor, apresentar uma solução. Alguns deles, sem a pretensão de fazer uma análise científica, foram mais detalhistas. Outros se detiveram em problemas cruciais. Cada qual, porém, viveu um momento histórico diferenciado. Por isso, divergem na leitura da realidade e das soluções apresentadas. A história incorpora essa realidade. Todo projeto por eles apresentado analisa a realidade, critica-a e projeta uma esperança. Ao negar a esperança, paradoxalmente o profeta cria esperança. Esta nasce de uma realidade de morte e de injustiça. O povo toma consciência da situação e cria algo de novo. A esperança é, pois, realista e condicionada ao Deus que liberta. Onde não há justiça, também não há paz.

Embora tenha reivindicado para si só, de forma indireta, o título de profeta (cf. Lc 13,33), Jesus foi o profeta por excelência, a síntese de toda ação profética. Ele, na condição de Filho de Deus, sucede aos profetas como último dos mensageiros de Deus. Chamado pelo povo de "João Batista, Elias ou um dos antigos profetas que ressuscitou" (Lc 9,19),[50] Jesus, na sinagoga de Nazaré, onde fora criado, leu o texto de Is 61,1-2, com o qual ele confirma sua ação profética: "O Espírito do Senhor está sobre mim, porque ele me ungiu para evangelizar os pobres; enviou-me para proclamar a remissão aos presos e aos cegos a recuperação da vista, para restituir a liberdade aos oprimidos e para proclamar um ano de graça do Senhor" (Lc 4,18-19). Denunciando toda e qualquer forma de injustiça do seu tempo, Jesus anunciou um Reino de justiça, paz e liberdade, para o qual morreu crucificado e ressuscitou. A esperança de um "novo tempo", realizada em Jesus, se eternizou em todos aqueles que nele acreditaram.

---

[50] Para um aprofundamento sobre a relação entre Jesus, Elias, João Batista e Jeremias, veja: Joachim, G. Il vangelo di Matteo, I e II. Brescia, Paideia, 1998. pp. 92-93. O povo acreditava que o espírito da profecia, extinta desde Malaquias, deveria retornar na era messiânica, com a volta de Elias ou na efusão geral do Espírito (cf. At 2,17-18.33). Os primeiros cristãos reconheceram em Jesus o "profeta" (cf. At 13,22-26; Jo 6,14; 7,40) que Moisés tinha predito (cf. Dt 18,15). Com o advento do carisma da profecia em Pentecostes, o título de profeta deixou de ser aplicado a Jesus, dando lugar a outros títulos cristológicos.

IV
Personagens e simbolismos em Elias e Eliseu

Elias e Eliseu eram profetas do povo. A afirmativa pode parecer estranha. Todo profeta é do povo, diríamos. Não. Como vimos anteriormente, na Bíblia, os profetas atuam em diversas áreas. No início do profetismo, muitos profetas mantinham uma relação estreita com o rei e o palácio. Como foi o caso de Gad e Natã, mas também de Aías de Silo, Miquéias, filho de Jemla, Semeias, Hanani e Jaaziel.[1]

Com Elias e Eliseu, o profetismo em Israel afastou-se da corte e ficou mais próximo do povo. A atuação desses dois personagens merece nossa atenção. Elias foi o mais popular dos profetas da Bíblia. Eliseu, seu discípulo, o seguiu. Vejamos, pois, os textos que contam a atuação deles como profetas em Israel.

1. Elias

A atuação profética de Elias está em 1Rs 17–19,21 e 2Rs 1. Esses textos descrevem o papel exercido por ele no contexto da monarquia israelita, mais precisamente no reinado de Acab e Ocozias (por volta de 874 a 852 a.E.C.). A monarquia conseguiu dividir o povo. Baal e o Senhor (Javé) eram cultuados em Israel. Elias, na defesa do javismo, travou uma luta ferrenha com os

---

[1] Esses três últimos não foram analisados por nós em razão de serem profetas com pouca expressividade e atuação em Israel.

monarcas e profetas de Baal. Ele sabia que fazia tudo isso em nome do Senhor. O ciclo de Elias é marcado pela disputa de poder entre ele e os profetas. Analisando os personagens e os simbolismos presentes nesses textos, chegaremos a conclusões interessantes. Vejamos.

Jezabel

Mulher de caráter forte, era estrangeira da Fenícia e se casou com Acab. Ela cultuava as divindades Baal Melcart e Aserá. Conseguiu estabelecer culto a essas divindades em Israel. Os profetas de Baal que comiam à sua mesa eram em número de 450 (1Rs 18,19); os de Aserá, 400.

Baal

Divindade que respondia pela fertilidade, chuva e tempestade.

Senhor (Javé)

O Deus de Israel que opera a vida por meio de Elias em Israel e em terras estrangeiras, como no caso da viúva de Sarepta, na Sidônia.

Seca

Elias, ao anunciar a seca nos anos seguintes, desafiou o poder de Baal. Elias acreditava no Senhor, o qual sabia que lhe concedia, pela sua palavra, o poder de ordenar a chuva.

Acab

Rei de Israel que cometeu atos contra o javismo, como: aceitação e confiança em Baal para governar; abandono dos pobres (viúva) e preocupação apenas com seus animais e bens.

A viúva de Sarepta: milagre e ressurreição

Mulher pobre, a viúva de Sarepta, ao ser generosa com Elias, é agraciada com o milagre da multiplicação da farinha e do óleo. Quando seu filho morre, Elias o ressuscita. Nisso reside o testemunho do poder do Senhor sobre Baal, que, mesmo sendo o deus da fertilidade, não é capaz de manter a vida em Israel.

O Monte Carmelo

Nome também de uma divindade da tempestade e da chuva. Lugar do culto a Baal e Aserá, bem como do confronto entre os profetas de Baal e Elias, representando o Senhor (Javé). O Monte Carmelo, mesmo situado em Israel, passou a ser estranho ao Senhor.

Profetas, o povo e Elias

Reunidos no Carmelo, o povo presencia o grande desafio. Os profetas de Baal eram 450, e os de Aserá, 400, mas o Senhor só tinha Elias como seu profeta.

Fogo e oferta

O desafio é lançado por Elias: as ofertas de animais seriam devoradas pelo fogo enviado pelas divindades. Os "falsos profetas" passam todo o dia invocando a divindade, mas nada conseguem. Elias ironiza: "Gritem mais alto, talvez Baal esteja conversando, fazendo negócios, viajando ou dormindo" (cf. 1Rs 18,27). Segundo a tradição bíblica, Elias, com uma única invocação, foi atendido pelo Senhor. E os profetas de Baal e Aserá foram degolados. A manifestação do Senhor confirma a autoridade de Elias diante dos profetas de Baal. Assim como Moisés, Elias tem sua palavra confirmada por Deus. O autor o coloca na linhagem de Moisés. Moisés funda o javismo e Elias o purifica da idolatria.

Chuva

A vitória do Senhor no Carmelo demonstrou que ele é o Deus da fertilidade. A chuva voltou ao país, porque o povo voltou para o Senhor. Não havia mais espaço para a seca. Restava ao rei Acab descer às pressas do monte, antes que a chuva o detivesse. Tudo isso aconteceu por obra do profeta Elias.

A vinha de Nabot, Jezabel e Elias

Como não bastasse o episódio do Carmelo, o casal de monarcas queria tomar as terras de um pobre, Nabot, o qual resiste. Em falso julgamento tramado por Jezabel, Nabot recebe a condenação de apedrejamento e morte pelo crime de blasfêmia contra o Senhor. A sua propriedade, então, é repassada ao rei Acab, o qual vê seus desejos realizados, como monarca poderoso em Israel. Acab, mais uma vez, seguiu princípios que não eram os do Senhor. Ele oprimiu o pobre e indefeso camponês Nabot. Elias de novo tomou a defesa dos pobres e condenou Acab e Jezabel, prevendo-lhes um fim trágico: cães lamberiam o sangue de Acab e comeriam Jezabel (cf. 1Rs 21,19.23).

Carros e cavalos de fogo

A subida triunfal de Elias, associada ao grito de seu discípulo Eliseu: "Meu pai! Carro e cavalaria de Israel" (2Rs 2,12), simbolizam a sua vitória final.

2. Eliseu

A atuação profética de Eliseu é marcada pela continuidade do profetismo de Elias, que, por sua vez, é confirmado pelo deuteronomista como continuação da profecia de Moisés.

Após ter subido de forma pomposa aos céus, por meio de carros e cavalos de fogo e em meio a uma tempestade, Elias transmite o seu espírito ao discípulo Eliseu. A história de Eliseu está em 2Rs 2–8; 9,1-10 e 13,14-21. Destacam-se aí os seguintes personagens e símbolos.

O óleo da viúva

Eliseu, comovido diante da prece da pobre viúva, que teria os dois filhos entregues à escravidão para pagar uma dívida, multiplica o pouco óleo que ela guarda em casa, o que possibilita à mulher vender o óleo e pagar a dívida contraída (cf. 2Rs 4,1-7).

A multiplicação dos pães

Eliseu recebe de um visitante vinte pães de cevada e trigo novo em espiga. Ele ordena que seja distribuído o presente para o povo. O servo retruca, dizendo que aquilo não daria para cem pessoas. Eliseu responde que todos comeriam e ainda sobraria. E foi o que aconteceu (cf. 2Rs 4,42-44). O pão simboliza a fartura.

A ressurreição do filho da Sunamita

Acolhido com carinho e proteção por uma mulher de Sunam, Eliseu propõe retribuir-lhe o favor fazendo algo por ela. Ela nada quer, mas o seu servo Giezi pede que lhe seja concedido o dom de conceber um filho com seu marido, homem de idade avançada. Eliseu suplica e a mulher tem um filho no tempo previsto. O menino cresce, mas, acometido de uma doença na cabeça, vem a falecer. Eliseu é chamado pela sunamita; então, reza e deita-se sete vezes sobre o menino, o qual retorna à vida (cf. 2Rs 4,8-37). O poder da ressurreição confere autoridade à profecia de Eliseu.

3. Conclusão

Elias e Eliseu atuaram nas dinastias de Ocozias, Omri, Acab, Jeú e Joás. Eles estiveram próximos ao povo. O rei, caso desejasse falar com alguns deles, deveria ir ao povo. O profeta não mais mora no palácio do rei, como nos tempos de Davi e Salomão. A pureza no culto ao Senhor, a fidelidade do rei e o cumprimento da palavra do profeta marcaram a atuação de Elias e Eliseu. Eles incomodaram a monarquia israelita.

Conseguiram também expandir o culto ao Senhor para fora de Israel, o que ficou demonstrado nas curas e ressurreições de estrangeiros com conseqüentes conversões.

Elias e Eliseu realizaram muitos milagres; tinham poderes sobrenaturais. Nenhum outro personagem no Primeiro Testamento supera Eliseu em número de milagres.

V
A teologia da justiça nos profetas

Fazer teologia é falar de Deus a partir da vida. Os profetas e profetisas de Israel, ao longo de sua trajetória pessoal, souberam perceber os erros cometidos pelos compatriotas que estavam no poder político, religioso ou, simplesmente, porque detinham poder econômico. Por ser Israel o povo de Deus escolhido para viver a aliança com o Senhor, esse não tinha o direito de errar, de sair do caminho da Torá, da Justiça. Desviar-se do caminho é um erro grave. Profetizar significa manter vivo o Decálogo, a Torá, a Palavra de Justiça dada por Deus. Interpretar os fatos e reorientá-los para o caminho de Deus é fazer teologia. Por isso, profetas e profetisas de Israel se encarregaram de estar atentos ao menor desvio de Israel. Eles denunciaram até mesmo a injustiça oculta, aquela velada, mascarada sob a forma da justiça.

1. Manifestações da injustiça

Os lugares e modos como a injustiça aparece são:

Economia

Todo ser humano busca sua sobrevivência. Na relação com as pessoas, ele adquire bens. Pessoas e bens estão entrelaçados. No entanto, o bem econômico não pode ser adquirido sob a condição de que o outro seja lesado em sua dignidade. A injustiça, desse modo, nasce do desejo e da prática que mantêm o outro na pobreza. Os profetas e profetisas de Israel, atentos a esse fato e colocando-se à frente dos fatos, denunciaram, profetizaram. Eis alguns textos clássicos.

Sobre a riqueza em geral

Am 4,1-3: vacas de Basã; Am 6,1-7: ricos da Samaria; Am 5,11-17: boa vida dos ricos; Am 8,4-8: falsa medida dos ricos.

Sobre o latifúndio

Is 5,8-10: aqueles que juntam casa a casa e campo a campo; Mq 2,1-5: usurários.

Sobre o palácio

Am 3,9-12: palácios da Assíria e do Egito; Hab 2,9-11: casas luxuosas; Hab 2,12-14: aqueles que constroem cidades e palácios; Jr 22,13-19: construções grandiosas.

Política

A política é um jogo de poder. A harmonia reina só de forma aparente. A disputa de poder faz parte nesse tipo de relacionamento humano. Aquele que é indicado para a direção pode exercer o poder seja sob a forma de serviço, seja de autoritarismo. Sempre que na relação de poder o subalterno é tratado de forma indevida, ocorre a injustiça. Na política, portanto, a injustiça procede de quem detém o poder. Podemos classificar a injustiça na política em Israel, com seus textos proféticos, do seguinte modo:

Nas relações dentro do país

Mq 3,1-12: chefes de Israel que amam o mal, odeiam o bem e detestam o direito; Sf 3,1-8: administradores de Jerusalém.

Nas relações internacionais

Ez 28,1-19: orgulho do rei de Tiro, que pretende ser como Deus; Am 1,3–2,3: crimes dos povos vizinhos de Israel que são parecidos com os do próprio Israel; Hab 1,5-11: caldeus como instrumentos de punição.

Judiciário

Como vimos anteriormente, são os tribunais que mais recebem críticas dos profetas em Israel. A injustiça aí consiste em decidir por interesses particulares e contra o pobre. Desse modo, a justiça, que deveria ser o principal ponto na aliança estabelecida entre Israel e Deus, torna-se injustiça institucionalizada na sociedade.

Dois textos clássicos ilustram a denúncia profética da distorção, da real função do poder judiciário: Is 5,20-23, que mostra como os juízes agem por interesses próprios, absolvendo o culpado; e Am 5,7-13, que denuncia os tribunais injustos, os quais chegam a mudar até mesmo a essência do Direito.

Culto

Na religião, a injustiça ocorre quando a prática religiosa serve para legitimar a violência. Textos importantes para demonstrar isso são: Is 1,11-14: hipocrisia religiosa; Jr 7: holocaustos e sacrifícios, sem fidelidade a Deus, não são aceitos pelo Senhor; Ml 1,10: oferendas não agradáveis.

Os profetas criticam duramente os sacrifícios, pois não são frutos da justiça vivida em Israel. Ir ao altar de Deus com as mãos maculadas de injustiça não pode ser aceito por Deus. O culto deve ter fundamento na justiça divina, vivido em prol do pobre e do indefeso.

2. A injustiça em Am 2,6-16

Am 2,6-16 fala da injustiça escondida, praticada sob a aparente legalidade econômica, política e judicial. Por dinheiro e um par de sandálias, o pobre torna-se escravo do rico, que quer o seu dinheiro e o par de sandálias para fazer uma peregrinação ao santuário. A religião é usada para cometer injustiça. Deus e o pobre são ofendidos nessa injustiça legalizada. Esse texto é importante para a nossa compreensão da teologia profética da justiça. Vamos analisá-lo.

O texto

Am 2,6-16 é um oráculo profético contra o Reino de Israel. O texto é o seguinte:

Assim falou o Senhor:
Pelos três crimes de Israel,
pelos quatro, não o revogarei!
Porque vendem o justo por prata
e o indigente por um par de sandálias.
Eles esmagam sobre o pó da terra a cabeça dos fracos
e tornam torto o caminho dos pobres;
um homem e seu pai vão à mesma jovem,
para profanar o meu santo nome.
Eles se estendem sobre vestes penhoradas,
ao lado de qualquer altar,
e bebem vinho daqueles que estão sujeitos a multas,
na casa de seu deus.
Mas eu destruíra diante deles o amorreu,
cuja altura era como a altura dos cedros,
e que era forte como os carvalhos!
Destruí seu fruto por cima,
e suas raízes por baixo!
Eu vos fiz subir da terra do Egito

e vos conduzi pelo deserto, durante quarenta anos,
para tomar posse da terra do amorreu!
Suscitei de vossos filhos, profetas,
e de vossos jovens, nazireus!
Não foi, realmente, assim, filhos de Israel?
Oráculo do Senhor.
Mas vós fizestes os nazireus beber vinho
e ordenastes aos profetas:
"Não profetizeis!"
Eis que vou abrir o chão debaixo de vós,
como abre o chão o carro cheio de feixes!
A fuga será impossível ao ágil,
o homem forte não empregará a sua força
e o herói não salvará a sua vida.
Aquele que maneja o arco não ficará de pé, o homem ágil
não se salvará com os seus pés,
o cavaleiro não salvará a sua vida,
e o mais corajoso entre os heróis
fugirá nu, naquele dia,
oráculo do Senhor.[1]

Am 2,6-16 é a conclusão de uma série de acusações
(Am 1,3–2,5), em forma de oráculos contra as nações vizinhas
(Damasco, Gaza, Filistéia, Tiro, Fenícia, Edom, Amon, Moab e
Judá).[2] No caso, Israel é protagonista da acusação. A lista começa com os locais mais distantes até chegar aos mais próximos
de Israel, o que provoca um efeito didático muito interessante.
O israelita, que primeiramente se alegra com a acusação contra
as outras regiões, vê o dedo do Senhor contra ele mesmo. Por
tabela, Israel percebe-se pecador como os outros povos. Mesmo
sendo eleito pelo Senhor, não fica imune da punição divina.

---

[1] Cf. *Bíblia de Jerusalém.*

[2] Cf. a reflexão que tomamos como base para nossa análise em: Bovati, Pietro. *Giustizia e ingiustizia nell'Antico Testamento.* Roma, PIB, 1994. pp. 131-141. Apostila.

Comparando o oráculo Am 2,6-16 e os anteriores, percebemos que o pecado de Israel em relação ao dos povos vizinhos apresenta três características diferentes. Quanto aos outros povos, Amós denuncia um só crime, cometido contra nações opostas, realizado às claras e de forma cruel. Já a respeito de Israel, o profeta denuncia sete crimes: vender o justo e o indigente; esmagar contra o pó da terra a cabeça dos fracos; tornar torto o caminho dos pobres; ir pai e filho à mesma jovem; profanar o nome de Deus; estender-se sobre vestes penhoradas; beber vinho daqueles que estão sujeitos a multas. No mundo bíblico, o número sete significa perfeição. Israel, pior do que outros povos, tem infinitos pecados. O seu crime é cometido no interior de Israel e contra os pobres. Ele é praticado na surdina.

O texto e sua explicação

O texto começa acusando Israel por causa de seus crimes.

> 6a. Assim falou o Senhor: pelos três crimes de Israel, pelos quatro, não o revogarei!

Como vimos, essa fórmula oracular, típica do movimento profético, aparece desde o versículo 3 do capítulo 1. Ela ocorre antes sete vezes para acusar os pecados dos povos vizinhos, sendo Judá o sétimo a receber a acusação. Na oitava vez, Israel é condenado por Amós. Com certeza, essas palavras causaram indignação e raiva nos israelitas. Mas o profeta tinha razão. Vejam os motivos.

> 6b. Porque vendem o justo por prata e o indigente por um par de sandálias.

A situação de injustiça é lastimável: um justo é vendido por prata, e o indigente, por um par de sandálias. Os códigos da Aliança, Deuteronômico e da Santidade (cf. Ex 21,2; Dt 15,12; Lv 25,39) não condenam a escravidão em si mesma. Ela era até tolerável, desde que não fosse injusta. A Lei em Israel previa o caso de um ser humano ser vendido como escravo para pagar uma dívida. Assim, a Lei garantia o bem-estar daquele que emprestava, favorecendo a paz social. Mesmo assim, o escravo tinha o direto ao descanso semanal (cf. Ex 20,10); a escrava possuía privilégios (cf. Ex 21,7 e Lv 19,20) e a que sofria abuso ganhava o direito de liberdade (cf. Dt 21,10-14).

No texto em questão, Amós não denuncia a Lei em si. O fato de uma pessoa tornar-se escrava, por motivo de débito, talvez seja legal, mas não é justo quando aplica-se a alguém que não tem culpa pela situação que o levou ao não-pagamento da dívida contraída. A injustiça está na desproporção do fato de vender o justo por causa apenas de um par de sandálias. A sandália é um objeto de primeira necessidade do indigente. O espírito da Lei não pode ser reduzido a tamanha mesquinharia.

> 7a. Eles esmagam sobre o pó da terra a cabeça dos fracos e tornam torto o caminho dos pobres.

Esse versículo trabalha com três imagens: pó da terra, cabeça dos fracos, caminho torto dos pobres.

Pó da terra pode ser entendido como:

a) propriedade agrícola e objeto de inveja dos ricos;

b) situação miserável do pobre;

c) negação de hospitalidade aos errantes;

d) avidez dos ricos, que querem até o pó que o pobre põe na cabeça para mostrar a sua condição de miserável.

Por ser em hebraico uma expressão de difícil tradução, alguns estudiosos da Bíblia propõem a eliminação da expressão "pó da terra". Não acreditamos ser essa a melhor opção. Preferimos mantê-la e traduzir: "esmagam contra o pó da terra a cabeça dos pobres". Segundo nossa opinião, o pobre coloca o pó na cabeça para pedir piedade e, por isso, ele se confunde com a terra. O rico opressor chega e o esmaga.

Já a expressão: "tornam torto o caminho dos pobres" é de cunho jurídico-forense e significa perverter o procedimento legal, isto é, ao perceber que vai tornar-se escravo, o pobre reclama, dizendo não poder pagar o seu débito. E é do próprio tribunal que sai a sentença de condenação. Em Israel, a justiça deveria ser imparcial, nem a favor do rico nem do pobre (cf. Ex 23,2-3; Dt 1,17; Lv 19,15). Amós condena a parcialidade como causa da injustiça social. Nisso está a injustiça feita na surdina: a parcialidade. O rigor da aplicação da Lei faz com que o pobre seja eliminado e injustiçado.

7b. um homem e seu pai vão à mesma jovem para profanar o meu santo nome.

Esse texto parece não ligar-se ao tema da opressão dos pobres, da passagem em questão. A sua interpretação apresenta quatro soluções, a saber:

a) faz alusão às leis acerca dos escravos de Ex 21,7-11;

b) refere-se à prostituição sagrada;

c) condena uma não-correta relação sexual;

d) apresenta de forma irônica e velada uma pervertida mudança na peregrinação ao santuário.

A letra *d* nos parece a melhor interpretação. Vejamos como entendê-la. Aqui, a expressão *ir à – vão –* (em hebraico, *halak*) não é usada no sentido sexual. Se o autor quisesse falar de ato sexual, usaria o verbo hebraico *bw'* e não *halak*. Ambos os verbos podem ser traduzidos por vir. A chave de interpretação do texto reside, portanto, no uso de *halak*.

No livro do Êxodo, *halak* marca o momento da peregrinação do deserto até a Terra Prometida. Ele é usado também para falar da peregrinação a Jerusalém por ocasião de uma festa (cf. Gn 22,3.5; 1Rs 2,3.5). A peregrinação é um ritual simbólico do caminho histórico-salvífico de Israel, do país da escravidão à Santa Montanha, onde se pode servir livremente ao Senhor.

A injustiça velada, nesse caso, consiste em uma mudança de peregrinação. E o texto apresenta sete passos dessa peregrinação desvirtuada, a saber:

a) Tudo começa na porta da cidade, lugar da transação comercial, onde o rico toma o pobre como escravo, isto é, faz o que o Faraó fizera com o povo israelita, no Egito. Por dinheiro e um par de sandálias, o pobre torna-se escravo do rico.

b) O rico quer o dinheiro e o par de sandálias do pobre, para fazer uma peregrinação ao santuário.

c) Depois disso, ele pisa sobre o pobre que está pela estrada pedindo clemência.

d) Eles, ou seja, todos (um homem e seu pai), cada um com a autoridade de sua família, vão à mesma jovem.

Ir à mesma jovem significa fazer da peregrinação religiosa uma reunião desonesta.

e) Em vez de louvar a Deus, eles louvam o próprio nome.

f) Chegando ao altar, em vez de se prostrarem para louvar a Deus, eles se estendem sobre vestes penhoradas.

g) Em vez de ofertarem a Deus libação (ato de oferecer vinho à divindade), vemos libações (ato de beber por prazer).

Como não bastasse o caminho desvirtuado, a casa de Deus é transformada em casa do deus deles, sendo também desvirtuada de seu verdadeiro sentido.

> 8a. Eles se estendem sobre vestes penhoradas,
> ao lado de qualquer altar,
> e bebem vinho daqueles que estão sujeitos a multas,
> na casa de seu deus.

Amós fala do penhor e da multa previstos na Lei (cf. Dt 22,29; Ex 21,22; Dt 24,6.10-13). Ele denuncia a aplicação da multa que oprime e censura os pobres.

> 9. Mas eu destruíra, diante deles, o amorreu,
> cuja altura era como a altura dos cedros,
> e que era forte como os carvalhos!
> Destruí seu fruto por cima,
> e suas raízes por baixo!

> 10. Eu vos fiz subir da terra do Egito
> e vos conduzi pelo deserto, durante quarenta anos,
> para tomar posse da terra do amorreu!

Ao referir-se à História, Deus descreve o que fez. O amorreu, grande e potente, fora destruído por ele. A grandeza de Israel não pode ser sinal de prepotência.

11. Suscitei de vossos filhos, profetas,
    e de vossos jovens, nazireus![3]
    Não foi, realmente, assim, filhos de Israel?
    Oráculo do Senhor.

12. Mas vós fizestes os nazireus beberem vinho
    e ordenastes aos profetas:
    "Não profetizeis!"

O apogeu do pecado de Israel ocorre quando, depois de haver pervertido o tribunal (v. 7) e o santuário (v. 8), ele acaba com o carisma da vocação profética, dando vinho aos nazireus e ordenando aos profetas não profetizarem. Nisso também está a injustiça velada: calar os profetas, a palavra.

13. Eis que vou abrir o chão debaixo de vós,
    como abre o chão o carro cheio de feixes!

14. A fuga será impossível ao ágil,
    o homem forte não empregará a sua força
    e o herói não salvará a sua vida.

15. Aquele que maneja o arco não ficará de pé,
    o homem ágil não se salvará com os seus pés,
    o cavaleiro não salvará a sua vida,

---

[3] Os nazireus eram pessoas consagradas a Deus. A eles, não se podia dar vinho (cf. Nm 6,1-4). Na luta em defesa do Senhor, os seus consagrados deveriam estar sempre atentos. Homens e mulheres podiam fazer o voto de nazireato, que os comprometia a outras práticas, além de não beber vinho (cf. Nm 6,2 e, na *Bíblia de Jerusalém*, 6,1, nota r).

16. e o mais corajoso entre os heróis
fugirá nu, naquele dia, oráculo do Senhor.[4]

O texto apresenta duas imagens que indicam a punição: carro cheio que afunda e a imagem bíblica do homem bem armado que foge nu. O acúmulo de bens (dinheiro, sandálias, vestes, vinho) significa o pecado de Israel e a ocasião de morte. Da mesma forma, os carros dos egípcios afundaram no Mar Vermelho.

3. Conclusão

O texto de Am 6,2-16 demonstra que a injustiça praticada em Israel e denunciada por Amós é fruto de uma ação preparada às ocultas e legitimada por aqueles que devem fazer valer a justiça em Israel. A injustiça chega a ponto de ser considerada justa, seja na religião, seja na política, seja no tribunal. A corrupção, falando em linguagem atual, torna-se legítima.

Em Israel, a observância da lei do empréstimo pode levar o irmão a uma condição de escravidão. O israelita rico não pergunta sobre o porquê da pobreza do seu devedor. Quer, simplesmente, que a lei seja aplicada, de modo que os seus bens venham a ser restituídos. Jesus, mais tarde, denunciou os fariseus, ao afirmar que "o que torna o homem impuro é o que sai do seu coração". Os fariseus lavavam as mãos antes de comer, sem se perguntarem por que as mãos estavam impuras.

Deus pune na história de Israel. Os profetas são calados, daí a necessidade do castigo divino. Este desmascara a injustiça oculta.

---

[4] Seguimos a tradução da *Bíblia de Jerusalém*.

VI
A teologia do perdão e da nova aliança em Jr 31,23-34

Uma das teologias elaboradas pelos profetas foi sobre o perdão e a nova aliança. Nesse campo, destaca-se, dentre os textos bíblicos, Jr 31,23-34, com especial atenção para o versículo 34c: "porque vou perdoar sua culpa e não me lembrarei mais do seu pecado". Libertação para os exilados, volta para a terra dos pais. A certeza da realização desse evento viria de Deus. Ele perdoará o seu povo e fará uma nova aliança.

Como Jeremias lança a proposta da teologia do perdão? É o que veremos a seguir.

1. O texto de Jr 31,23-34

Assim disse o Senhor dos Exércitos, o Deus de Israel. Ainda se dirá esta palavra na terra de Judá e em suas cidades, quando eu trouxer de volta os seus cativos: "Que o Senhor te abençoe, morada de justiça, montanha santa!". Nela habitarão Judá e todas as suas cidades juntas, os lavradores e os que conduzem o rebanho. Porque eu darei abundância àquele que estava esgotado e saciarei todo aquele que desfalecia. Neste ponto, despertei e vi que meu sonho tinha sido agradável.

Eis que dias virão – oráculo do Senhor – em que semearei a casa de Israel e a casa de Judá com uma semente de homens e uma semente de animais. E, assim como velei sobre eles para arrancar, para arrasar, para exterminar e para afligir, assim também velarei sobre eles para construir e para plantar, oráculo do Senhor.

Nesses dias já não se dirá: os pais comeram uvas verdes e os dentes dos filhos se embotaram. Mas cada um morrerá por sua própria falta. Todo homem que tenha comido uvas verdes terá seus dentes embotados.

Eis que dias virão – oráculo do Senhor – em que selarei com a casa de Israel (e com a casa de Judá) uma aliança nova. Não como a aliança que selei com seus pais, no dia em que os tomei pela mão para fazê-los sair da terra do Egito – minha aliança que eles mesmos romperam, embora eu fosse o seu Senhor, oráculo do Senhor! Porque esta é a aliança que selarei com a casa de Israel depois desses dias – oráculo do Senhor. Eu porei minha lei no seu seio e a escreverei em seu coração. Então, eu serei seu Deus e eles serão meu povo. Eles não terão mais que instruir seu próximo ou seu irmão, dizendo: "Conhecei ao Senhor". Porque todos me conhecerão, dos menores aos maiores – oráculo do Senhor –, porque vou perdoar sua culpa e não me lembrarei mais de seu pecado.

2. Qual é o sentido do versículo 34c?

O teólogo Paul Beauchamp, em seu artigo "Propositions sur l'alliance del'Ancien Testament comme structure centrale",[1] chama a atenção para o fato de que o perdão, na passagem anterior, está no passado e se encontra no fim do texto. Citando também Ez 16,33, Beauchamp afirma ser o perdão "o ato de graça, a partir do qual tudo ganha sentido" (p. 193). Ao ler outros estudiosos, percebemos que a presença de tal versículo no final desse famoso texto sobre a nova

---

[1] Cf. *RSR* 58 (1970) 161-193.

aliança suscitou variadas interpretações quanto ao perdão divino. Esses autores, uns mais e outros menos, notaram a importância da partícula *kî*, presente no início do v. 34c e traduzida por *porque*.

Luis Alonso Schökel e José Luis Sicre Diaz escrevem: "A frase final, a respeito do perdão, é introduzida com a partícula indiferenciada *kî*, que poderia entender-se de várias maneiras":[2]

a) conjunção subordinativa integrante: eles conhecerão que eu perdôo. O perdão, nesse caso, não seria visto como etapa prévia para o restabelecimento de uma relação permanente;

b) conjunção subordinativa temporal: reconhecer-me-ão quando eu perdoar. Segundo nossa opinião, essa função temporal da partícula *kî* poderia ser aceita. Mas limita o perdão a um tempo, não ao ato divino de perdoar. O ato divino se realiza no tempo, mas não é o tempo que limita o ato divino;

c) conjunção subordinativa causal conclusiva: reconhecer-me-ão porque/em que perdôo/perdoarei".

No estudo que segue, propomos que a palavra *kî* influencia na relação perdão/nova aliança/ano jubilar. No caso, acreditamos que sua função seja a de conjunção subordinativa causal conclusiva, a qual introduz uma oração subordinada causal. A maioria dos estudiosos relaciona o v. 34c com Jr 31,31-34. Pensamos que tal relação vai além desses poucos versículos e suspeitamos que a presença da partícula *kî*, no final de Jr 31,31-34, seja porque

---

[2] Cf. SCHÖKEL & SICRE, op. cit., p. 587. Bozak, citando Volz e Rudolph, afirma que, se fosse uma questão de pensamento concluído, o texto de Jr 31,31-34 poderia terminar com o v. 34a. Ocorre, porém, que nos deparamos com um versículo final, que não está aí por acaso.

se encontra em uma posição estratégica. Ela está ligada à nova aliança que, por sua vez, depende do perdão divino para sua realização. Perdão e nova aliança são ações divinas capazes de efetivar o ano jubilar, no pós-exílio. Cremos que Jeremias, ao falar de perdão e nova aliança em tempos de exílio babilônico, refira-se ao ano do jubileu. O Deus de Jeremias, paciente e de entranhas que se comovem, cede à compaixão (31,20), concedendo o perdão a seu povo, o qual não havia posto em prática a libertação do escravo hebreu no ano sabático. Não seria isso a realização do ano do jubileu ou ano do perdão? Revestido, é claro, de uma nova e eterna aliança. O perdão, sendo concedido, tudo recomeçaria. Nisso consiste a teologia do perdão e da nova aliança de Jeremias. Pode parecer complicado o caminho que vamos fazer, mas propomos a você, caro/a leitor/a, segui-lo. Por um momento, ele poderá ser áspero, mas não desanime na leitura.

Nosso procedimento na averiguação será o de, primeiramente, identificar a natureza do *kî* no início do versículo 34c para tentarmos captar melhor suas nuanças, bem como a idéia principal que nele subjaz. Por isso, entendendo a função do *kî* no v. 34c talvez compreendamos o porquê da menção do perdão divino no final de 31,31-34, bem como a relação entre perdão e nova aliança, perdão e ano jubilar.

A nossa análise irá se limitar, não obstante as referências a outros textos, ao âmbito do livro de Jeremias, com especial destaque para Jr 31,31-34. A metodologia usada consistirá em situar, brevemente – a partir de uma análise exegética (interpretação do texto bíblico) que leva o nome de retórica –, o texto de Jr 31,31-34 dentro do livro de Jeremias. Do ponto de vista estrutural desse livro, o objetivo é encontrar uma explicação para o lugar ocupado pelo v. 34c em seu contexto e estrutura literária, assim como para a função da partícula *kî* nele presente.

Por fim, faremos uma análise exegética da passagem[3] em que se encontra o v. 34c.

Nosso propósito é compreender a tríplice relação entre perdão, nova aliança e jubileu bíblico, bem como entre terra, perdão e esperança de um novo tempo.

3. Jr 31,34c na estrutura de Jr 30–31

Entender Jr 31,34c significa considerá-lo nos seus contextos: imediato e amplo. É comum entre os exegetas (estudiosos da Bíblia) considerar esse versículo como parte integrante da passagem 31,31-34. Portanto, para compreender Jr 31,31-34, faz-se necessária uma delimitação da unidade literária dentro do livro de Jeremias. Jr 31,31-34 está inserido no contexto dos capítulos 30–31,[4] os quais alguns estudiosos chamam de Livro da Consolação. O termo *livro* está em 30,2, em que Jeremias recebe a ordem de escrever em um livro tudo o que o Senhor dirá. E *consolação* provém, talvez, do texto grego de 31,9.

Analisando a passagem 31,31-34 no livro de Jeremias, constatamos o seguinte:[5]

a) Os cc. 30–31 *formam uma unidade literária,*[6] um conjunto único de textos. É possível, assim, considerá-los

---

[3]   Para designar os níveis de organização do texto, adotaremos, em português, uma terminologia que corresponda àquela apresentada por R. MEYNET, *L'Analisi Retorica*, Brescia, Paideia, 1992, pp. 159-249. Usaremos a seguinte terminologia: membro, segmento, trecho, parte, passagem, seqüência, seção, livro.

[4]   Para um *status quaestionis* em torno da autenticidade ou não de Jr 31,31-34, cf. W. L. HOLLADAY, *Jeremiah* 2. A Commentary on the Book of the Prophet Jeremiah. Chapters 26-52, Philadelphia, Hermeneia, 1989, pp. 163-164.

[5]   O resultado de nosso estudo está em: FARIA, J. F. *Porque perdoarei*: exegese de Jr 31,34b. Roma, Pontifício Instituto Bíblico, 1996. Tese.

[6]   Cf. BOZAK, B. A. Life "Anew". A Literary-Theological Study of Jer. 30-31. *AnBib* 122, Roma, 1991. p. 5, nota 30, em que se encontra um resumo da opinião de vários autores sobre os cc. 30–31 como unidade literária.

como uma seção dentro do livro de Jeremias; embora não se possa dizer muito sobre o grau de "unidade", de coerência literária, estilística e retórica desses capítulos.[7]

b) *Os cc. 30–31 podem ser divididos em duas seqüências: 30,4–31,22 e 31,23-40,* agrupamento de textos. Justificam essa proposta: a afirmação de Lundbom de que Jr 30,4–31,22 é um núcleo poético; a constatação de Bozak de que 30,5–31,22 é poesia e 31,23-40, prosa;[8] a inclusão presente em 30,6 e 31,22; a fórmula temporal, expressa no modo "Eis que dias virão" (vv. 27.31.38) e "Nesses dias" (vv. 29.33), vista como característica literária da seqüência 31,23-40, dando-lhe uma estruturação retórica.

c) *A seqüência 31,23-40 está dividida em duas passagens ou perícopes: 31,23-34 e 31,35-40*; textos fechados em si mesmos. As razões para essa subdivisão são: a presença de "Assim diz o Senhor" nos vv. 23 e 35 e o "Não ... de novo", que está presente na conclusão de ambos os passos.

d) *A passagem 31,23-34 pode ser subdividida em três partes: primeira (vv. 23-26); segunda (vv. 27-30), e terceira (vv. 31-34).* A fórmula temporal: "Eis que dias virão – oráculo do Senhor" está no início dos vv. 27 e 31.[9] As frases: "eles de novo não dirão..." (29a) e "eles de

---

[7]   Cf. Bovati, P. *Geremia 30-31.* Roma, Pontifício Instituto Bíblico, 1991 (ano acadêmico 1991-1992). p. 57. Apostila.

[8]   Não concordamos, porém, com Bozak quando afirma que 30,1-4 seja uma prosa de introdução, com uma inclusão entre 30,4 e 30,2; mas, ao contrário, que 30,1-3 introduz os cc. 30–31, e 30,4, a seqüência 30,4–31,22.

[9]   Esse tipo de construção é encontrado 14 vezes no livro de Jeremias (7,32; 9,24; 16,14; 19,6; 23,5.7; 30,3; 31,27.31.38; 33,14; 48,12; 49,2; 51,52) e duas vezes em Amós (8,11; 9,13).

novo não terão mais que ensinar o seu próximo..." (34a) funcionam como fórmulas de fechamento. A partícula *kî* aparece na parte conclusiva de cada parte (25a, 30a, 34a). Encontramos dois quiasmos (idéias cruzadas) sintáticos: verbo – objeto – objeto – verbo (vv. 25 e 33), e que o último pode ser também considerado como paralelismo semântico. O paralelismo (idéias correspondentes) é a figura retórica predominante na terceira parte. As partes referem-se continuamente a passado e futuro, sublinhando uma tensão entre eles. Isso é demonstrado com a presença de "de novo" (v. 23), "assim como [...], assim" (v. 28) e "Não... de novo" (vv. 29.34), bem como o paralelismo antitético entre os vv. 32b e 33a. O futuro será radicalmente diferente do passado, porém entendido à luz desse.[10]

e) *Jr 31,31-34 é uma parte do passo 31,23-34.* O modo[11] como estão estruturadas – tanto a passagem como, de modo especial, a terceira parte – ajuda-nos a entender a função do v. 34c.

f) *Jr 31,34c é a conclusão da passagem Jr 31,23-34.* Conforme indicação de Lundbom, o v. 34a é fórmula de fechamento para a parte 31-34, e o v. 34c, como modo de inclusão no v. 23, conclui toda a passagem.[12] Tendo os verbos na primeira pessoa do singular, o v. 34c está disposto em forma de paralelismo sinonímico, o qual, assim como o v. 33a, pode ser considerado como um quiasmo sintático:

---

[10] Cf. Bozak, op. cit., pp. 110-122.

[11] Dois modos possíveis de estruturação: a de Holladay e aquela proposta por nós, que se encontra em Faria, op. cit., pp. 16-21.

[12] Também outros passos (30,5-11; 30,12-17; 31,2-6; 31,15-22), da seção 30-31, têm uma conclusão com um *kî*.

[*Kî*] perdoar(rei) sua culpa
e dos seus pecados *não* me lembrarei *mais*.

O v. 34 começa e termina com a expressão *não* + *verbo* + *mais* e repete, na parte central, a partícula *kî*. Em ambos os casos, ela tem a função conclusiva, e a primeira recorrência conclui a terceira parte da passagem, e a segunda, todo o versículo. A partícula *kî* tem o papel retórico de conclusão,[13] ou seja, a sua posição estratégica no v. 34c lhe confere a condição de conjunção subordinativa causal conclusiva, não somente para os vv. 31-34, mas para todo o conjunto de Jr 31,23-34.[14] Como isso acontece? É o que veremos a seguir.

4. Jr 31,34c: como e o que conclui?

De tudo o que foi explicitado anteriormente de modo exegético, basta reter que o tal *kî* está colocado em lugar estratégico no texto, pois tem uma função conclusiva para se compreender a teologia do perdão e da nova aliança de Jeremias.

Continuemos, portanto, a nossa investigação, tentando elucidar melhor o papel do v. 34c, a partir de uma análise exegética da passagem 31,23-34. Privilegiaremos em nossa análise, como já afirmamos anteriormente, uma linha de reflexão que nos

---

[13] Lohfink, a propósito do v. 34c, diz que este é uma conclusão para o texto de 30,3 a 31,34. A justificação presente no v. 34c é dita somente uma vez, mas pressupõe tudo o que foi falado anteriormente (cf. *L'alleanza mai revocata. Riflessioni esegetiche per il dialogo tra cristiani ed ebrei*. Brescia, Paideia, 1991, pp. 53-54).

[14] Nesse sentido, cf. BROWN, F.; DIVER, S. R.; BRIGGS, C. (eds.). *The New Brown-Driver-Briggs-Gesenius Hebrew an English Lexicon with appendix containing the biblical Aramaic*. Peabody, 1979, pp. 473-474 (adiante BDB); MUILENBURG, J. The linguistic and Rhetorical Usages of the Particle *yk* in the Old Testament. *HUCA* 32 (1961) 149; SCHOORS, A. The Particle *yk*. *OTS* 211 (1981), 265-266. Como exemplos para o primeiro caso, confira Is 32,6s, que explica o v. 5, e Jó 11,16ss, que justifica o v. 15b; para o segundo caso, Is 21,6ss, que fundamenta a afirmação dos vv. 1-5, e Sl 73,21, que define não o v. 20, mas a seqüência de idéias dos vv. 2-14.

ajude a entender o tema do perdão e a sua relação com a nova aliança e o jubileu bíblico. Acreditamos que o perdão, embora seja citado somente uma vez em toda a passagem, constitua um elo implícito – é o que tentaremos desvendar – com os outros temas presentes em Jr 31,23-34.

Primeira parte: dois provérbios

A primeira parte (vv. 23-26) inicia-se com o Senhor citando um ditado popular que fala de bênção e termina com outro, que se refere a um despertar em que se percebe que o sonho fora agradável.

Quem é o Deus que age?

O Deus que toma a palavra é chamado de "Senhor dos Exércitos, o Deus de Israel". Com o uso desse termo, ao Deus de Israel, é atribuído o poder de controlar armas, povos, natureza e criação. Com sua autoridade, ele "trará de volta os cativos" do seu povo.[15] Repetindo o provérbio popular, o Senhor abençoa a terra e renova as esperanças do povo. O Senhor é um Deus próximo a seu povo. O "Ainda se dirá" é a garantia do Senhor de que esse provérbio poderá ser repetido, porque ele agirá em benefício deles. Bozak diz que a posição enfática de "ainda" evidencia as dimensões de passado e futuro a que ele se refere, introduzindo assim a noção de continuidade com o passado, e que tem um papel importante na segunda seqüência.[16]

Como entender o provérbio citado?

Quando o Senhor trouxer os cativos, ainda se dirão estas palavras: "Que o Senhor te abençoe, morada da justiça, montanha santa!". O sentido das expressões em paralelo: "morada

---

[15]   Essa expressão aparece oito vezes em Jeremias e parece provir de Os 6,11.

[16]   Cf. Bozak, op. cit., p. 125.

111

da justiça" e "montanha santa" parece claro. A primeira forma um tipo de expressão articulada que liga a segunda expressão com o Senhor, como lugar da sua presença.[17]

Encontramos no Primeiro Testamento textos que falam das bênçãos de Deus ao povo, oferecendo-lhe benefícios (cf. Ex 23,25; Dt 7,13-14; 28,3-6; Sl 65,11). Aqui encontramos, porém, uma bênção para um espaço físico que serve como mediação de bênção para o povo. O Senhor, ao abençoar a montanha santa, não a torna um lugar isolado para ele, mas um ponto de contato entre ele e o seu povo. Assim, a presença do Senhor será, de novo, garantida no meio do seu povo, visto que este poderá adorá-lo novamente. A bênção, repetida, significará que a terra, de novo, será o lugar da presença de Deus. Uma vez mais, Deus estará no meio do seu povo para abençoá-lo.[18]

Quem habitará na terra abençoada?

O v. 24 começa afirmando: "Nela habitarão", isto é, "na terra". Segue uma especificação do lugar: "Judá e todas as suas cidades juntas" – expressão também presente no versículo anterior[19] –, e dos grupos que habitarão juntos. O merisma (divisão do assunto em partes distintas) indica a totalidade da sociedade. Todos, agricultores sedentários e os criadores de ovelhas (pastores seminômades), terão acesso ao lugar santo, não importando o seu lugar de residência ou a sua profissão.

A relação entre essa promessa e o jubileu parece clara. No ano do jubileu, todos voltariam para as suas antigas propriedades (cf. Lv 25,10). No caso, os desterrados, depois de 49

---

[17] Ibid., p. 112, nota 433.

[18] Cf. THOMPSON, J. A. *The Book of Jeremiah* (NICOT). Grand Rapids, Eerdmans, 1980. p. 577.

[19] Desse modo, pode-se pensar que essa seja uma glosa para explicar *bâh*. A NEB (New English Bible) cancela essa expressão. Nós a consideramos como glosa e tomamos *agricultores sedentários* e *criadores de ovelhas* como sujeitos de *habitarão*.

anos de exílio, poderiam desfrutar a terra de Judá, de onde foram levados. Na verdade, a volta dos exilados provocou um grande conflito entre os que foram para o exílio (lideranças) e os que permaneceram em Judá, aos quais Nabuzardã, comandante da guarda babilônica, teria distribuído vinhas e terra (cf. Jr 39,10).

Como isso será possível?

O v. 25 apresenta as condições para a realização do prometido. O Senhor intervirá; é o que nos demonstra o *kî* enfático que introduz a ação divina. O ato do Senhor em dar em abundância e saciar é realçado pelo quiasmo sintático: verbo – objeto – objeto – verbo.

A proteção do Senhor, o feito em favor do seu povo, será tal que todos serão saciados ao extremo, terão um futuro garantido. Essas palavras unem-se àquelas do v. 23b: "quando eu trouxer de volta os seus cativos", dando a certeza de que o ditado do passado, que fala de bênção, poderá ser repetido no futuro, porque o Senhor, agindo em favor do seu povo, irá dar-lhe vida, restaurará as suas esperanças.

Um provérbio enigmático

Alguns estudiosos preferem resolver a problemática em torno à interpretação do v. 26, que diz: "Neste ponto, despertei e vi que meu sonho tinha sido agradável", considerando-o como glosa, um acréscimo/explicação do copista.[20] A primeira questão é identificar o sujeito da frase: o Senhor ou o profeta? Uma solução parece difícil. Em favor do Senhor, temos o contexto que apresenta uma continuação do seu discurso, em

---

[20] Cf. Volz, P. *Der Prophet Jeremia*, KAT 10, 278; Condamin, A. *Le Livre de Jérémie*, Paris, 228; Bright, J. *Jeremiah*. Garden City (NY), Doubleday, 1965. p. 282. Por outro lado, sendo a função de uma glosa explicar um texto difícil, estamos diante de uma que produz o efeito contrário. Por isso, pensamos que seria melhor não considerar o v. 26 como glosa.

primeira pessoa. "Razões de conveniência sugerem o profeta como sujeito do dito."[21] Contrário ao Senhor, está o fato de que uma tal idéia não pode ser atribuída a ele. Vale ressaltar, porém, que os salmos falam do Senhor que desperta do sono: "E o Senhor acordou como um homem que dormia, como um valente embriagado pelo vinho" (Sl 78,65). Alguns exegetas[22] acreditam ser o v. 26 a citação de um refrão de uma canção popular. Na verdade, se é o profeta ou Deus que desperta do sono, o teor da idéia anterior não muda muito. Esse provérbio alimenta, mesmo dizendo que tudo era um sonho, a esperança de que a terra de Judá seria restabelecida.

Segunda parte: ainda um outro provérbio

A segunda parte (27-30) começa com a fórmula temporal: "Eis que dias virão" + "Oráculo do Senhor".[23] Se a primeira parte havia terminado com um provérbio enigmático, esta, ao contrário, termina explicando outro provérbio citado.

Semear para restaurar

No v. 27, a raiz do verbo *semear* é usada uma vez como verbo e duas vezes como substantivo. Essa triplicação a evidencia como *palavra-chave* para a compreensão da promessa divina. Semear tem antecedente em Os 2,25, texto

---

[21] Cf. Penna, A. *Geremia*. Torino, La Sacra Bibbia, 1954. p. 234.

[22] Cf. Gelin, A. *Jérémie*. Les Lamentations. Le Livre de Baruch. Paris, 1959, p. 152; Weiser, A. *Geremia*. Brescia, Paideia, 1987. p. 283; Rudolph, W. *Jeremia*. Tübingen, Mohr, 1968. p. 200.

[23] Usando essa fórmula solene, Jeremias confere uma força oracular ao ato do Senhor, presente nos versículos seguintes. Lohfink diz que a fórmula: "Eis que dias virão – oráculo do Senhor", que divide a passagem 31,23-40, é um aviamento retórico que une os vv. 27 e 31 à introdução dos cc. 30–31, dado que essa expressão, como tal, aparece em 30,3 e é retomada nos vv. 27 e 31. Ao citar o v. 34c, ele diz que este é uma conclusão para todo o texto, de 30,3 a 31,34 (cf. *L'alleanza mai revocata*, op. cit., pp. 53-54).

que, provavelmente, influenciou na redação desse versículo.[24] Fazendo alusão à promessa aos patriarcas de que a descendência deles herdaria a terra, o Senhor compromete-se a multiplicar o povo, renovando, desse modo, a relação com eles.[25] As invasões da Assíria e da Babilônia deixaram trágicas conseqüências para as casas de Israel e de Judá. O jugo de Nabucodonosor foi pesado. Ele tinha poder sobre homens e animais (cf. Jr 27,5-8). O Senhor intervém para *mudar a sorte do povo*, como vimos na primeira parte da nossa passagem; nessa segunda parte, ele promete semear uma "semente de homens e uma semente de animais". O merisma presente nessa fraseologia, sem paralelo no Primeiro Testamento, mostra-nos que o futuro para o povo será garantido. O Senhor, representado como um progenitor viril, reverterá, no futuro, a terrível ameaça da devassa prevista (cf. Jr 7,20).

Um centenário de verbos

O v. 28 relembra as palavras que o Senhor dirige a Jeremias no momento da sua vocação (1,10). Ocorre, porém, que aqui temos seis verbos no infinitivo, dispostos em dois grupos: *exterminar, arrasar muros, erradicar, fazer o mal, construir e plantar*,[26] os quais exprimem a ação do Senhor.[27] Esses são, por assim dizer, um centenário de verbos, sendo quatro negativos e dois positivos,[28] o que poderia demonstrar uma acentuação

---

[24] Cf. Schökel & Sicre, op. cit., p. 586. Em Jeremias, não encontramos outros textos que apresentam o Senhor como sujeito de *semear*. Também Zc 10,9 usa esse verbo em uma metáfora, para dizer que o povo seria semeado entre os povos.

[25] Cf. Bozak, op. cit., p. 115.

[26] A presença desses verbos – não os cinco juntos – em 12,17; 18,7-9; 24,6; 31,40 e 45,4 leva-nos a descartar a possibilidade de glosa. Penna diz ser o verbo "fazer o mal" uma possível interpolação, já que a repetição em Jeremias se apresenta de modo perfeito e constante.

[27] Ação essa (destruir e plantar novamente) que, por natureza, pertence ao Senhor e que tinha sido conferida ao profeta Jeremias.

[28] Também o verbo *shqd* (1,12) reaparece nesse versículo.

maior sobre o aspecto negativo do que sobre o positivo. As palavras de condenação do Senhor, representadas pelos verbos negativos, são substituídas por palavras de restauração, tornando possível uma comparação entre a ação destrutiva do Senhor, no passado, e aquela restaurativa, no futuro.[29] Tanto no passado como no futuro, o Senhor *vela sobre eles*. A vigilância do Senhor, bem como a experiência de Israel, ambas negativas no passado, são garantia de um futuro positivo.

Os quatro primeiros infinitivos expressam, de forma progressiva, a ação negativa do Senhor. Se "fazer mal" sintetiza os cinco verbos negativos, dois outros verbos positivos, *construir* e *plantar,* revertem a imagem nociva deixada por eles. Aquilo que foi destruído será de novo construído e o que foi arrancado será novamente plantado. Desse modo, não mais haverá motivo para se falar de extermínio ou de fazer o mal. Ágabo[30] diz que, "com base na relação da promessa – 'plantar e construir' – com os anônimos, podemos afirmar que esta promessa se refere à reestruturação do estado de Judá como grandeza política".

Esse centenário de verbos descreve ações que, passando do negativo ao positivo, revelam a esperança de dias melhores. O que tinha sido anunciado na promessa do Senhor de semear uma semente de homens e de animais (v. 27).

Um provérbio a ser reinterpretado

"Os pais comeram uvas verdes e os dentes dos filhos se embotaram" (v. 29). Estamos diante de um provérbio, também mencionado em Lm 5,7, citado e comentado teologicamente por Ez 18; e Jeremias, simplesmente, o apresenta para ser

---

[29] Cf. Holladay, W. L. *Jeremiah* 2. A Commentary on the Book of the Prophet Jeremiah. Chapters 26-52. Philadelphia, Hermeneia, 1989. pp. 169-197.

[30] Cf. Sousa, A. B. O significado do verbo "plantar" no livro de Jeremias: Iahweh como agricultor. *RIBLA* 24 (1996) 33.

rejeitado. Como entender esse provérbio que em Israel era tido quase como verdade a ser seguida? A longa história de idolatria e de rebelião do povo (7; 11; 25,1-7; 26,2-6) possibilitou o desenvolvimento, no país, da tese apresentada por esse provérbio (2,5.9).[31] O contexto histórico nos situa no tempo do exílio babilônico. Os deportados acreditavam que o sofrimento do tempo presente era uma conseqüência fatalista do pecado cometido por seus pais. A solução para tal problema baseava-se no princípio de solidariedade. Os filhos deviam pagar pela culpa dos pais. Não podemos nos esquecer de que o decálogo já dizia: "[...] sou um Deus ciumento, que puno a iniqüidade dos pais sobre os filhos, até a terceira e quarta geração dos que me odeiam" (Ex 20,5; Dt 5,9).[32] Assim sendo, resta-nos a pergunta: estaria Jeremias contra a Lei mosaica, que insistia sobre os laços de solidariedade entre família, parentes e tribo? A resposta é simples. A passagem que ora analisamos acentua, em um crescente, um novo tempo. "Eis que dias virão" e "nesses dias, eles não poderão de novo" repetir tal provérbio. O texto sublinha o contraste entre o "Ainda se dirá" do v. 23 e o "já não se dirá" do v. 29. O provérbio sobre a bênção (v. 23), esse sim, será novamente repetido; mas aquele da culpa coletiva, não, visto que, no âmbito da novidade anunciada, ele também terá de ser novo. Nesse caso, aquilo que se dizia no passado não poderá ser repetido no futuro. O futuro trará um novo tempo onde os antigos provérbios serão abandonados e

---

[31] Cf. CARROLL, R. P. *Jeremiah*. A commentary. London, OTL, 1986. p. 608.

[32] Exemplos de aplicação desse princípio podemos encontrar em Nm 16,27ss; Js 7,24-26; 1Sm 22,16-19; 2Sm 21,1-14. Resquícios dessa mentalidade podem ser achados no tempo de Jesus (Jo 9,2). Por outro lado, o próprio Deuteronômio protesta contra essa idéia de responsabilidade coletiva, anunciando a responsabilidade individual (24,16; cf. também 2Rs 16,2). Desse modo, podemos dizer que a noção de culpa pessoal e responsabilidade individual, embora citada por Jeremias e aperfeiçoada por Ezequiel, tem suas origens em antigas tradições de Israel.

uma nova aliança, feita.[33] Na verdade, os antigos provérbios não deixarão de ser pronunciados, porém a força oriunda deles, em tempos de nova aliança, não será mais a mesma.

Como isso será possível?

Jeremias insiste no princípio da responsabilidade individual. O uso adversativo de *kî 'im*[34] do v. 30 acentua: "Mas cada um morrerá pela própria falta". Essa idéia serve para preparar a proposta de estabilidade e inalterabilidade da nova aliança que será feita nos versículos seguintes.[35] Na nova aliança, não haverá espaço para a responsabilidade coletiva. O pecado cometido pelos *pais* não poderá pesar sobre os *filhos*. Ninguém será réu de um erro não praticado por ele. Cada um responderá pelos próprios atos.[36] Seria, então, Jeremias contra a solidariedade? Não! Ao explicar o mal presente como castigo pela culpa dos contemporâneos, Jeremias não deixa de acentuar os pecados dos pais (16,10-13).

Todavia, o enfoque sobre a responsabilidade pessoal é somente uma primeira passagem para criar uma nova realidade. O homem permanece sempre pecador. Um renascimento de Israel implica também nova aliança que, por sua vez, cria um novo relacionamento entre o Senhor e os seus. E, para que todos possam fazer parte dessa aliança, o Senhor, na sua misericórdia infinita, concede-lhes o perdão dos pecados, o que nos mostrarão os versículos seguintes.[37]

---

[33] Cf. LUNDBOM, J. R. *Jeremiah*. A Study in Ancient Hebrew Rhetoric. Missoula, SBL Diss 18, 1975. p. 35.

[34] Cf. MUILENBURG, op. cit., p. 142.

[35] Cf. PENNA, op. cit., p. 235.

[36] É Ezequiel quem aprofunda essa idéia (14,12-20; 18,10-20; 33,10-20), corrigindo o antigo princípio. Contrário a Jeremias, ele insiste no momento presente. O castigo iminente de Jerusalém corresponde seus pecados presentes.

[37] Assim, consideramos os vv. 31-34 como um prolongamento dos vv. 27-30. Na verdade, o texto revela uma passagem do "mas (kî 'im) cada um morrerá pela própria culpa"

Terceira parte: a nova aliança

A terceira e última parte (vv. 31-34) aborda, entre outros,[38] o tema da nova aliança, indicando os elementos essenciais para sua realização. Tendo considerado a importância da questão em torno do uso do provérbio sobre a responsabilidade coletiva, deparamo-nos com uma parte que, como um todo, podemos chamar de conclusiva. E, mesmo se os vv. 29-30 enfatizam a questão da responsabilidade individual, o Senhor, atacando a raiz do insucesso da antiga aliança, mostra-se disposto a selar uma nova aliança com todo o povo.[39]

Anúncio de uma nova aliança

"[...] numerosos como as tuas cidades são os teus deuses, ó Judá! Tão numerosos como as ruas de Jerusalém são os altares que erigistes à vergonha, altares para oferecerdes incenso a Baal" (11,13), proclama incisivo Jeremias. Já o livro do Deuteronômio, narrando a esperança de que, no fim dos tempos, o povo voltará para o Senhor, seu Deus, e obedecerá à sua voz, ressalta: "O Senhor teu Deus é um Deus

---

(ba'aevônô) (v. 30) para "porque (kî) vou perdoar suas culpas" (la'aevônam) (v. 34b). Não concordamos com Holladay quando diz que os vv. 29-30 são uma tentativa (pelo círculo sacerdotal?) de corrigir as implicações da nova aliança, já que no v. 30 temos sua culpa e no v. 34, suas culpas. Ou ainda: "Again, the notion of individual responsability appears to some degree to contradict the corporate restoration set in vv. 33-34" (Holladay, op. cit., p. 163). Aqui, como em outras partes de nosso estudo, seguimos uma tradução própria e não da Bíblia de Jerusalém.

[38] Os outros temas são: pacto sinaítico; transformação do coração; relação íntima com Deus; perdão dos pecados. De forma brilhante e extraordinária, Jeremias soube concatenar temas tão amplos em um pequeno, mas denso, texto. A sua importância foi tanta, que Jr 31,31-34 é a maior citação do Antigo Testamento no Novo (Hb 8,8-12), o que não nos impede de dizer que a sua importância seria maior se ele fosse o texto mais citado.

[39] Considerando "e com a casa de Judá" como glosa, como já dissemos anteriormente, o termo "casa de Israel" pode ser entendido como todo o povo (cf. 2,4.26; 5,15; 9,25; 10,1; 18,6; 23,8). Não concordamos com a proposta de W. RUDOLPH, que liga os vv. 31-34 aos vv. 18-22, para aí encontrar a justificação de que esse oráculo da nova aliança tenha sido dirigido somente ao Reino do Norte (*Jeremia*, 201).

misericordioso: não te abandonará e não te destruirá, pois nunca vai se esquecer da Aliança que concluiu com os teus pais por meio de um juramento" (4,31). Nessa mesma linha, encontramos Lv 26,44-45; Is 54,9-10; Ez 16,60-62; 36,23-32. Por outro lado, é também Jeremias quem diz: "Pode um etíope mudar a sua pele? Um leopardo as suas pintas? Podeis vós, também, fazer o bem, vós que estais acostumados ao mal?" (13,23). O profeta não condena a antiga aliança, mas simplesmente constata que as faltas cometidas por Israel provocaram a sua ruptura (2,5.20.32). Desse modo, num contexto de crise de fé, associada à incapacidade generalizada em seguir a lei antiga, Jeremias dá esperança ao povo, afirmando: o Senhor vai fazer uma "nova aliança".[40]

Como entender a expressão "nova aliança"?

Mostra-se sempre difícil definir precisamente o significado de "nova" e "aliança", em hebraico *berît*.[41] A opinião dos estudiosos, no que se refere a essa questão, pode ser resumida em três pontos:[42]

---

[40] Vale observar que Isaías anuncia uma "aliança eterna" (55,3). Fala de coisas novas (42,9), novo céu e nova terra (65,17; 66,22; cf. também 54,4-17, em que Isaías apresenta os temas de uma nova aliança), sem mencionar, porém, a expressão nova aliança. Talvez porque ele, tendo demonstrado que a primeira tinha sido rompida (50,1), não quis sublinhar a oposição a essa. Não somente Isaías, mas também Ezequiel (16,60) usa a expressão "aliança eterna", a qual também encontramos em Jeremias (32,40). Para um aprofundamento da questão, em torno da nova aliança e aliança eterna, cf. RENAUD, B. L'alliance éternelle d'Ez 16,59-63 et l'alliance nouvelle de Jér 31,31-34. *BEThL* 74 (1986) 335-339.

[41] A compreensão do termo *berît*, que, por ser mencionado quatro vezes nessa terceira parte da passagem em questão, recebe um destaque especial, é muito discutida. Seria aliança? Pacto? Empenho? Juramento? A questão complica-se ainda mais quando o autor da carta aos Hebreus traduz *berît* por *diaqh/khn*. Qual é o sentido que ele lhe aplica: aliança, testamento ou disposição? Não é o nosso objetivo, no presente estudo, adentrar em tal discussão. Para um aprofundamento da questão, cf. NICHOLSON, E. W. Covenant in a Century of Study since Wellhausen. *OTS* 24 (1986) 54-63.

[42] Cf. MARAFIOTI, D. *Sant'Agostino e la Nuova Alleanza*. Brescia, Paideia, 1995. p. 44, nota 8.

a) seria uma aliança realmente "nova", isto é, em relação à aliança sinaítica, considerada, por causa da infidelidade do povo, insuficiente e frágil;

b) tendo em vista o iminente retorno dos exilados à pátria, essa representaria para eles um conforto moral e espiritual, dando-lhes a certeza de que o Senhor não os tinha abandonado. O povo deveria preparar-se para renová-la, assim que retornasse. Nesse sentido, Jr 31,31 deve ser interpretado à luz de outras renovações da aliança (Js 24; 2Rs 23,1ss) e como preparação de Ne 10;

c) por fim, a nova aliança, pelo fato de não consistir em um programa a ser realizado pelo povo, não teria nenhum conteúdo histórico. Mas apresentaria uma realidade escatológica com o objetivo de alimentar uma esperança religiosa.

Diante de tais propostas, ressaltamos dois pontos que, segundo nossa perspectiva, podem ajudar a entendermos essa questão:

• Considerando que, se a história de Israel, a partir do ponto de vista do Deuteronomista, é um contínuo repetir-se de acordos rompidos e reformulados entre o Senhor e Israel, chega o momento em que isso não é mais permitido; chega o momento em que a velha estrutura passa a ser vista como decaída e encerrada para sempre; é o que nos dizem os vv. 31-32.[43]

• Não acreditamos que haja uma total ruptura entre a aliança sinaítica e a nova, apresentada por Jeremias. Haverá, sim, uma nova aliança diferente da sinaítica,

---

[43] Cf. BOVATI, P. Ristabilire la Giustizia. *AnBib* 11, Roma, 1986, p. 148.

porém a diferença entre elas não está na essência, mas no modo como a nova aliança será realizada e no seu significado. Na verdade, Jr 31,31-34 fala de nova "aliança", mas não de nova "lei". Existirá, sim, um futuro diferente do passado, mas que, necessariamente, não o elimina. Cremos que a continuidade da nossa reflexão poderá auxiliar-nos na melhor compreensão dessa relação entre passado e futuro no âmbito da antiga e da nova aliança.

Como não será a nova aliança?

O v. 32 diz que a nova aliança "não será como a aliança" que o Senhor tinha "selado" com os pais deles, no dia em que ele os tomara pela mão para fazê-los sair da terra do Egito. A referência parece ser à aliança sinaítica (cf. Ex 19,1–24,11). Mas poderia referir-se, também, à aliança selada com Abraão, Isaac e Jacó.[44] Em todo caso, o texto mostra uma relação entre o "eu" (Senhor) e "eles" (casas de Israel e "Judá" ou pais). Relação essa que, por causa do uso de "e" com o sujeito "eu" que introduz uma frase verbal, é antitética. A infidelidade do povo fez com que a antiga aliança (no texto chamada de "minha aliança") fosse "violada". Visto que a ação do povo (romper) é claramente negativa, esse uso antitético de "e" sugere que a ação do Senhor seja positiva,[45] isto é, ele não age de forma punitiva. Mesmo que "eles" tenham rompido a aliança antiga, o Senhor, na sua condição de "Senhor", age como um "esposo" que usa o seu poder senhoril não para punir, mas para criar uma nova relação. O Senhor é, portanto, quem decide fazer uma nova aliança. É ele quem escolhe o seu povo,

---

[44] Cf. MARTIN-ACHARD, R. Quelques remarques sur la nouvelle alliance chez Jérémie (Jérémie 31,31-34). *BEThEL* 33 (1974) 152-153.

[45] Cf. BOZAK, op. cit., p. 19. Cf. também a opinião contrária em W. Rudolph, *Jeremia*, op. cit., pp. 201-202.

nos mostra a expressão: "no dia em que eu os tomei pela mão". Nesse sentido, porém, tal ato do Senhor não é diferente em relação à antiga aliança.

Como será a nova aliança?

Para responder a essa pergunta, destacamos a forma antitética, dita de forma positiva, da frase do v. 33a, "mas como será a nova aliança", em relação ao "não como" do v. 32a.

A menção do tempo para a realização da nova aliança está na expressão "depois desses dias", diferente daquela apresentada no v. 31a, "eis que dias virão". Qual é o seu significado? Tempo escatológico? Parece que sim. Rudolph a interpreta como o tempo do retorno ao país.[46]

O quiasmo sintático do v. 33b define a ação divina. O sufixo nominal "minha" de "minha lei", a qual destoa da estrutura quiástica,[47] chama a atenção sobre si mesmo. Visto como paralelismo, o v. 33b teria a função de negar a ambiguidade do substantivo hebraico *beqirebâm*, que pode significar, além de seio (entendido como âmago, parte íntima, coração), *no meio deles*, isto é, em um lugar externo, físico[48]. Em Jr 6,1.6, diz-se que os benjaminitas deveriam fugir *do meio* de Jerusalém e que *no seio* de Jerusalém tudo é opressão. Na continuação, o texto que ora analisamos diz que a ação divina não será externa, mas alcançará a interioridade.

---

[46] Cf. W. Rudolph, *Jeremia*, op. cit. pp. 202-203. Já A. Condamin, *Le Livre de Jérémie*, op. cit., p. 230, e J. Bright, *Jeremiah,* op. cit., p. 277, traduzem essa expressão como "quand ces jours-là seront venus" e "when that time comes", respectivamente.

[47] Seria esse, talvez, um modo para dizer que o conteúdo da nova aliança, isto é, a Lei, não vai mudar. Como notamos anteriormente, Jr 31,31-34 não fala que o Senhor vai criar uma nova "lei", mas sim uma nova aliança.

[48] Cf. Bozak, op. cit., p. 122.

A ação do Senhor cria uma nova relação.[49] O v. 33b diz: "porei a minha lei no seu seio e a escreverei em seu coração". Essa metáfora mostra a diversidade da nova aliança, ao ressaltar implicitamente que, se a lei sinaítica tinha sido escrita em *tábuas de pedra* (cf. Dt 9,10) e o pecado de Judá, gravado na *pedra de seu coração* (cf. Jr 17,1), na situação de nova aliança tudo será diferente. O Senhor alcançará a profundidade do homem, o coração. E nele ficará inscrita para sempre a sua lei. Desse modo, ele poderá seguir livre e alegremente ao Senhor.

Entendemos esse texto de Jeremias, na perspectiva do jubileu, como um tempo de íntima relação com Deus. Uma espiritualidade diferente daquela a que estamos acostumados. Não é atual essa proposta de Jeremias? Como vivermos a relação com Deus e com os outros?

Porque todos me conhecerão

Com a "Lei" escrita no coração, ninguém precisará mais incentivar seu irmão a conhecer o Senhor, porque todos o conhecerão (v. 34a). É o que nos mostra o merisma "dos menores aos maiores" (v. 34a; cf. também 6,13). A nova aliança de Jeremias é nova porque não precisará, como a sinaítica, ser ensinada (cf. Dt 11,19). Deus mesmo, sem intermediários, estará no coração de cada um.[50] Mesmo se no passado "eles romperam a minha aliança", no futuro "eles serão o meu povo"; é o que podemos perceber mediante o paralelismo antitético entre esses vv. 32c e 33c.[51]

Para Jeremias, a salvação encontra-se no conhecimento do Senhor (2,8; 9,23; 22,15-16). E é o Senhor quem pode dar ao

---

[49] Segundo Bozak, op. cit., p. 121, o conteúdo e os parceiros da nova aliança são os mesmos da antiga. A novidade está na maneira como estabelecer a relação e a conseqüência de um imediato conhecimento do Senhor.

[50] Cf. BEAUCHAMP, P. *L'uno e l'altro Testamento*. Brescia, Paideia, 1985. p. 61.

[51] Cf. BOZAK, op. cit., p. 122.

homem um coração capaz de conhecê-lo (24,7). O conhecimento é a adesão ao verdadeiro Deus e à sua vontade, expressa na Lei.[52] O Senhor oferece ao homem a possibilidade de restabelecer laços de fidelidade. A fórmula de aliança do v. 33b, "Eu serei seu Deus e eles serão meu povo (Jr 7,23),[53] mostra o relacionamento entre o Senhor, como "esposo", e o seu povo. Esse velho princípio da antiga aliança (cf. Ex 6,7) não poderá ser mudado. Um relacionamento exclusivo e livre possibilitará a realização de uma nova aliança, em que não será permitida a adoração de outros deuses. E o povo, tendo a Lei escrita no coração, "amará ao Senhor seu Deus com todo o seu coração, com toda a sua alma e com toda a sua força" (Dt 6,5). As atitudes do povo deverão ir nessa direção, renunciando ao caminho do não-conhecimento do Senhor, como Jeremias mesmo denuncia (9,4-5).

Porque perdoarei

Ao definir anteriormente a função do *kî* do v. 34c como conjunção subordinativa causal (porque), podemos agora entender os outros componentes que formam esse importante versículo. O v. 34c repete, em modo positivo e negativo, o ato do Senhor em favor do povo. Ele irá perdoar-lhe a culpa, e de seus pecados não se lembrará mais. A vontade divina de perdoar não representa somente a base para a nova aliança (*kî*), mas é a força motriz e a garantia de estabilidade. O "não... mais" reforça a idéia de que o perdão será possível. Os verbos perdoar e lembrar são, na verdade, dois modos diferentes para dizer a mesma coisa: o Senhor perdoará! O paralelismo sinonímico, figura de composição na qual estão dispostos, confere mais energia e vivacidade à idéia do perdão divino, confirmando que o Senhor, de fato, perdoará.

---

[52] Cf. MEJÍA, J. La problématique de l'Ancienne et de la Nouvelle Alliance dans Jérémie XXXI 31-34 et quelque autres textes, *VT.S* 32 (1981), p. 271.

[53] Cf. também Jr 11,4; 24,7; 30,22; 31,1; 32,38.

Jeremias é o profeta que usa o verbo perdoar com maior freqüência, isto é, seis vezes. O Senhor é sempre o sujeito. Os objetos da ação divina são: o malfeitor (5,1.7; 50,20), as culpas/ faltas (31,34; 33,8) a iniqüidade e o pecado juntos (36,3).

Perdoar aparece duas vezes em 5,1-17. Nele o Senhor, qual juiz, dirige um processo. Ele desejaria perdoar o acusado. Então, ordena a seus inspetores que busquem elementos que possam justificar o perdão. A condição para conceder o perdão é encontrar nas praças um homem que pratique o direito e que procure a verdade (v. 1). Direito e verdade são termos que mostram o rompimento da aliança entre o Senhor e o seu povo (cf. também o v. 5b). Como a busca foi em vão, o Senhor conclui que o perdão não será possível, e prepara-se para dar a sentença de condenação.[54] "Poderei eu perdoar-te?" Parece impossível! Nas praças de Jerusalém, não se encontra quem respeite o direito e pratique a justiça (v. 1); "Teus filhos me abandonaram e juraram por deuses que não o são. [...] se tornaram adúlteros" (v. 7). A sentença de condenação é forte: a nação que o Senhor colocará contra Israel devorará messe, pão, filhos, filhas, ovelhas e vacas, vinha e figueira, e destruirá pela espada as cidades fortes (v. 17). Tal condenação revela-nos duas coisas: primeiro, a destruição da cidade está ligada ao pecado do povo; segundo, a ameaça do devorar messe, filhos, ovelhas... une-se à promessa do Senhor de que as palavras de bênçãos serão repetidas uma outra vez, na terra de Judá e em suas *cidades*.[55]

O uso do verbo perdoar, em Jr 50,20, dá-nos a imagem do Deus que desculpará aqueles que, sobrevivendo à catástrofe do exílio na Babilônia, retornarão à pátria. Quem os deixou em

---

[54] Cf. Schökel & Sicre, op. cit., p. 461.

[55] Cf. as reflexões que fizemos em torno dos vv. 23-26 do c. 31, pp. 103-104.

vida é o mesmo Senhor que os perdoará. Isso se une diretamente ao v. 34c. do c. 31. O perdão será em forma de uma aliança nova e perpétua. Acrescente-se a isso o v. 19 do c. 50, em que o Senhor também promete a restauração do povo.

Como em 31,34c, também em 33,8 o Senhor promete o perdão total para as faltas que os cativos de Judá e de Israel haviam cometido contra ele (33,7). Esse paralelismo sinonímico presente em 31,34c está também em 33,8, porém, entre os verbos purificar e perdoar, o que confirma a promessa de perdão total. O Senhor irá restabelecê-los como antes, bem como lhes purificará as faltas cometidas contra ele. O ato de perdoar, do Senhor, restaura a paz que antes tinha sido negada: "Se saio para o campo, eis os feridos pela espada; se entro na cidade, eis as vítimas da fome [...]. Esperava-se a paz: nada de bom! O tempo de cura: eis o pavor!" (14,18-19).[56]

Em 36,3, a dupla iniqüidade e pecado é o objeto do verbo perdoar. Nesse versículo, encontramos um perfeito resumo da atividade profética: má conduta – males ameaçados – escutar – conversão – perdão. Isso demonstra que tanto a denúncia como a ameaça são, na realidade, ofertas de perdão, em processo dialético.[57]

Dentre os usos que Jeremias faz do verbo lembrar, destacamos 2,2 e 14,10. Nesses versículos, o sujeito é o Senhor, e o objeto direto, a ação do povo. No primeiro, o Senhor diz que se lembrou da lealdade que Israel manifestou, em uma relação de aliança, no período da sua juventude, e que esse será o motivo que o levará a agir de forma salvífica em favor dele: o primeiro amor juvenil lembrado com nostalgia! Já em 14,10, em tempo de seca, diz-se que o Senhor vai se lembrar da iniqüidade do

---

[56] Cf. também 4,10; 6,14; 8,11.15; 12,12; 23,17.

[57] Cf. SCHÖKEL & SICRE, op. cit., p. 609.

povo e punir os seus pecados. Ressalta-se que lembrar é usado em 14,10 de forma positiva, significando o ato punitivo do Senhor. Já em 31,34b, temos a forma negativa "não lembrar", em paralelo com o verbo perdoar. Desse modo, o Senhor expressa a certeza de que não haverá, no futuro, impedimentos à relação entre ele e seu povo.[58] Do ponto de vista de conteúdo, cremos que lembrar está em relação ao v. 28 da passagem em questão. O ato futuro do Senhor de *construir* e *plantar* também implicará o não-*lembrar* os pecados do povo, cometidos no passado.

5. Conclusão

A passagem ora analisada apresenta-nos um encadeamento de idéias que passa por mudanças:[59]

a) de uma afirmação positiva, "E assim como..." (v. 28), para uma afirmação negativa, "... já não" (v. 29);

b) de uma afirmação mais concreta, no que se refere a uma realidade física ("se dirá", v. 23; "habitarão", v. 24; "darei", v. 25; "semearei", v. 27; "velei", v. 28), a uma descrição imaginária, mais estreitamente ligada ao parentesco, "e os dentes dos filhos se embotaram", v. 29;

c) de uma ênfase à culpa coletiva para a responsabilidade individual (v. 30);

d) de uma culpa individual para a garantia do perdão divino para todos (v. 34c).

---

[58] Cf. Holladay, op. cit., p. 198.

[59] Cf. Bozak, op. cit., p. 123. Ao mesmo tempo, esse passo vai criando contrastes entre o que o povo poderá dizer (bênção, v. 23) e aquilo que não poderá dizer ("conhece o Senhor"); de uma realidade exterior (comida, habitação, progenitura, vv. 24.25.27) para uma realidade interior (fidelidade ao Senhor, conhecendo-o; vv. 31-34); de um "Ainda" (v. 23) para um "não... mais" (v. 34b).

Nesse desenvolvimento do texto, a partícula *kî* é uma peça fundamental que vai entrelaçando a passagem 31,23-34 até chegar ao *kî* conclusivo do v. 34c.[60] No v. 25, de modo enfático, essa partícula introduz uma frase que apresenta os motivos que possibilitarão a realização da promessa de uma nova bênção. O futuro será marcado pela saciedade e proteção divina. "Porque eu darei abundância", uma nova bênção será possível. No v. 30, o uso adversativo de *kî 'im* ressalta a responsabilidade pessoal de cada um, no que se refere aos seus pecados. No v. 33, encontramos novamente o uso adversativo de *kî* junto do verbo selar, mostrando como será a nova aliança. No v. 34 encontramos *kî* duas vezes com o sentido causal. Aquele do v. 34a conclui a idéia do v. 33 sobre a interiorização da religião (lei no coração). Já o do v. 34c, introduzindo o elemento novo do perdão, funciona como conclusivo, ligando os três pontos básicos para a realização da nova aliança, presentes, num crescendo, na passagem 31,23-34: responsabilidade e retribuição pessoal (v. 27); interiorização da Lei (v. 33); perdão dos pecados (v. 34c). O *kî* do v. 34c tem, portanto, a função retórica de apontar o "clímax" do encadeamento crescente de idéias que possibilitou a realização da nova aliança. Ao mesmo tempo, ele demonstra que a culpa individual (introduzida pelo *kî* do v. 30) não poderá ser mais a norma, porque ele, o Senhor, diz: "perdoarei as suas culpas". O ato de cada membro do povo em reconhecer a própria culpa não é o essencial. Decisiva é a atitude misericordiosa do Senhor que perdoa.

Desse modo, podemos afirmar que a nossa hipótese foi confirmada. A função da partícula *kî* no v. 34c mostrou-nos a importância do perdão divino para a realização da nova aliança.

---

[60] Nesse passo, encontramos cinco vezes a partícula na seguinte disposição: modo enfático (v. 25, *kî*) adversativo (v. 30, *kî 'im*), adversativo (v. 33, *kî zô't*), causal (v. 34a, *kî* causal) (v. 34b, *kî*).

Vimos que, se consideramos a partícula *kî* de Jr 31,34c como conjunção subordinativa causal, é a possibilidade que traduz melhor o porquê do perdão no final de Jr 31,31-34. Sua colocação retórica apontou-nos sua função conclusiva em toda a passagem de Jr 31,23-34. Percebemos também que, além de sua função retórica, no texto analisado, ela desempenha um papel teológico fundamental. Jeremias, ao fazer uso de um *kî*, quis deixar clara a decisão divina de restabelecer uma nova aliança com seu povo. Para isso, apresentou condições, entre as quais a de que o perdão é básico para o restabelecimento da aliança.

Ao Senhor pertence o ato de perdoar. Ao povo se enfatiza que ele não precisará mais estimular o irmão ou companheiro a conhecer o Senhor, *porque* todos o conhecerão. As atitudes de perdoar e conhecer o Senhor, evidenciadas pela presença de "Eles não + verbo + "mais", nos levam a entender que o perdão, introduzido pelo *kî* causal do v. 34c, tem uma dimensão muito maior que a *não-necessidade de levar o irmão ou companheiro a conhecer o Senhor*. O povo poderá conhecer o Senhor, porque ele oferece condições para isso. Ele o perdoa. E *por que perdoado,* o povo poderá iniciar um novo relacionamento com o Senhor, pronunciar a bênção, não sentir-se culpado pelos pecados dos *pais* e inaugurar, desse modo, uma nova aliança, tanto quanto, a cada dia, é nova a criação (31,35-37; 33,20-21); eterna, tanto quanto será eterno o perdão do Senhor;[61] jubilar tanto quanto será o retorno à terra de Judá.

---

[61]   E por que não mencionar aqui dois textos: um que antecede e outro que sucede a passagem ora analisada? No primeiro (31,20), encontramos um Deus que, na sua infinita misericórdia, se comove até as entranhas pelo pecador e transborda de ternura por ele. No segundo (31,35-37), demonstra-se que uma tamanha reconciliação entre o Senhor e o povo tem as características da estabilidade dos céus. Assim como o homem não pode medir o universo, Deus não é capaz de rejeitar o seu povo. Ele, Senhor dos Exércitos, é quem estabelece o sol, a lua e as estrelas, o mar e suas ondas. Se ele tudo pode, não poderá superar as mesquinharias humanas?

O perdão é um dom oferecido por Deus, mesmo quando o povo não é capaz de reconhecer o seu pecado e pedir perdão. As condições para receber o perdão divino foram apresentadas, mas, não sendo o povo capaz de assumi-las, Deus intervém e promete restabelecer uma nova aliança. Promete colocar a Lei no coração e, enfim, perdoá-lo. A nova aliança é, por assim dizer, o perdão de Deus que chega a seu povo; é um entrar do povo no dom de Deus, que confere o perdão sem perguntar pelo arrependimento. Ao mesmo tempo, significa esperança de poder chegar a essa situação. Deus é misericordioso por natureza. Ele conhece a situação perene de pecado em que se encontra o ser humano. Por isso promete, em uma situação de aliança, um perdão eterno, pois sabe que seu parceiro de aliança poderá traí-lo uma, duas, ou mais vezes. Sempre e por causa da nova aliança, o jubileu será possível de ser realizado.

A repetição do provérbio do v. 23 confirma-nos que uma nova presença do Senhor será garantida no meio do povo. A montanha, santa e abençoada, possibilita o restabelecimento dos laços entre o Senhor e seu povo. A certeza da bênção divina se expressa na promessa do Senhor de poder novamente construir e plantar nela (v. 28). O antigo provérbio da culpa (v. 29), esse sim, não mais será repetido. Cada um morrerá pela própria falta. Os *pais*, que romperam a aliança, não poderão mais continuar a transmitir a culpa a seus filhos. Uma nova aliança será escrita no *meio* do povo, na montanha santa, no coração. Ali estará Deus. O perdão será a garantia de tudo isso. Receber o perdão é o mesmo que receber a vida. O Senhor abençoa a terra para que a sua presença seja outra vez visível no meio do povo. Deus lhe concederá o perdão e a recuperação das propriedades perdidas para os babilônios e as entregará aos "pobres da terra" (Jr 39).

Jeremias, assim como tantos outros profetas, soube escutar os desígnios de Deus sobre o seu povo. Ele, ao estar presente no dia-a-dia da história de sofrimento e de infidelidade do seu povo, foi capaz de chamá-lo à conversão ao mesmo Senhor que o tinha libertado da escravidão do Egito. Denunciando duramente os pecados do seu povo, ameaçou-o com castigos, mostrou-lhe o rosto de um Deus misericordioso, ofereceu-lhe as condições necessárias para receber o perdão divino e proclamou uma nova aliança, na qual o perdão do Senhor seria incondicional. Se, na aliança antiga, por causa dos numerosos pecados do povo, o Senhor agiu punindo-o "com um castigo terrível" (30,12-15), na nova aliança, ele vai perdoar a culpa e esquecer os pecados dele. Esse perdão, fundamental para a nova relação entre o povo e o Senhor, acontecerá não porque o povo pediu, mas porque o Senhor lhe oferece. O futuro diferente do povo encontra sua raiz no Senhor. Somente ele pode dar-lhe uma nova vida, em uma nova aliança, por meio do perdão dos seus pecados. E, com a nova aliança, se dá uma ruptura qualitativa na história e instaura-se o novo. Permanece, entretanto, a tensão do "já" e do "ainda-não". Tornada iminente, a nova aliança está ainda por vir. Como ainda está por vir a realização plena de um ano jubilar ecumênico e holístico, capaz de transformar os rumos da humanidade, instaurar um novo tempo em tempos de neoliberalismo, libertar os escravos, perdoar as dívidas dos países pobres, deixar a terra repousar, devolver a terra aos sem-terra. Seria isso um sonho? Não. E espero não ter de despertar e ver que toda a reflexão que fizemos não passou de mero sonho agradável (31,26). Compreender isso é perceber os princípios da teologia do perdão e da nova aliança, em Jeremias.

VII
O profetismo fora de Israel

O profetismo constitui um modo de ser e agir que culturas antigas já conheciam, bem antes do povo da Bíblia. Não podemos afirmar que o profetismo seja propriedade exclusiva de Israel. As culturas circunvizinhas de Israel conviveram com esse fenômeno. Houve profetismo fora de Israel. Essa certeza é consenso entre os estudiosos. Com tal descoberta, surgem as perguntas: o profetismo bíblico tem sua raiz em Israel ou em algum país vizinho? Qual é a característica própria do profetismo bíblico?

É possível que Israel tenha bebido de alguma linha profética dos povos que o circundavam e lhe tenha dado novo significado. Vejamos como acontecia a profecia no mundo próximo de Israel.

1. Textos proféticos do Egito: semelhanças e diferenças com os bíblicos

Encontramos no Egito textos tardios que narram e interpretam a história depois do acontecimento.[1] Eles oferecem um esquema temporal de épocas de desgraça, seguidas de épocas de salvação, trazidas ou não por um rei. Eis alguns textos do profetismo no Egito.

---

[1] Para o estudo da profecia extrabíblica, seguimos o estudo de José Luís Sicre, *Profetismo em Israel*, op. cit., pp. 203-230.

As profecias de Neferti

Este país vai tão mal que não há ninguém que se preocupe com ele, nem alguém que fale, nem olho que chore [...]. Todas as coisas boas desapareceram e o país está prostrado por causa das dores; os asiáticos estão pelo país todo. Inimigos levantaram-se no Leste e os asiáticos desceram para o Egito [...]. Vou apresentar-te o filho como inimigo, o irmão como adversário, e o homem atando o próprio pai [...]. Virá então um rei, pertencente ao Sul; seu nome é Ameni, o triunfador. É filho de uma mulher do país da Núbia, nasceu no Alto Egito. Cingirá a coroa branca e levará a coroa vermelha; unirá as Duas Poderosas, satisfará os dois senhores no que desejarem [...]. Alegra-te, povo, por seu tempo! O filho de um homem estabelecerá o nome dele para sempre. Os que se inclinam para o mal e maquinam a rebelião silenciarão os seus discursos por causa dele. Os asiáticos cairão diante da espada dele, e os livros cairão sob sua chama. Os rebeldes estão debaixo de sua ira, e os de coração traidor, debaixo do medo dele [...]. E a justiça voltará a ocupar o seu lugar, enquanto a prática do mal será excluída...

Comparando a profecia egípcia de Neferti com a profecia de Israel, percebemos o seguinte:

PROFECIA NO EGITO	PROFECIA EM ISRAEL
Neferti	Profetas
Dinastia XVIII.	———
Trata-se de uma profecia pronunciada depois dos acontecimentos.	Entre os profetas bíblicos, ocorriam também profecias depois que o fato tinha acontecido.
Exagera ao apresentar a catástrofe nacional marcada pela invasão de asiáticos, no Delta do Nilo, e a guerra civil egípcia.	*Muitos profetas bíblicos também anunciam uma catástrofe para Israel.*

Tem caráter meramente político. Ela exalta o rei Ameni, sob a forma de uma pseudoprofecia.	———————
Seu objetivo principal é ressaltar o caráter messiânico da atuação do rei. Segundo Wilson,[2] "o Reino Médio libertou o Egito da guerra civil e da anarquia que se seguiam no Reino Antigo. Essas desgraças e o seu posterior equacionamento produziram um sentimento de salvação 'messiânica', que os primeiros faraós aproveitaram em benefício próprio".	O caráter messiânico dos profetas bíblicos não é o mesmo da profecia de Neferti. Em Israel, os profetas agem segundo a ação e tutela divinas. Por isso, não podemos classificar a profecia de Neferti como messiânica do tipo bíblico.
Usa o esquema literário desgraça–salvação.	Usa o esquema literário desgraça–salvação.
Explora o tema da unificação dos dois reinos do Egito.	*Também Ezequiel profetiza a unificação dos Reinos do Norte e do Sul.*

Oasiano eloqüente

Este relato, também da cultura egípcia, narra a história de um camponês que foi ao Egito em busca de alimentos para sua mulher e filhos. Ele leva, em um jumento, diversos produtos da região e dirige-se à capital. Ao longo do caminho, é assaltado pelo empregado do administrador-geral. Passa dez dias pedindo que lhe devolvam os seus pertences. Ao perceber que é inútil a sua súplica, ele vai até o administrador-geral e diz:

> Grande administrador, meu senhor... tu és o pai dos órfãos, o marido da viúva, o irmão da mulher repudiada, o colo de quem não tem mãe [...]. Tu que aniquilas a mentira, que fazes existir a justiça, acode a voz daquele que te chama. Vê, a justiça, expulsa da sua sede, vaga longe de ti. Os funcionários fazem o mal, os juízes roubam. Quem deve prender o trapaceiro afasta-se dele;

---

[2] Citado em SICRE, op. cit., p. 207.

quem deve dar aspirações à boca estreita tira-lhe a respiração. Quem deve dar alívio às pessoas faz com que elas se angustiem; quem deve repartir é um ladrão; quem deve afastar a necessidade com as suas ordens age no interesse dos seus amigos [= os que seguem sua corrente]; quem deve rejeitar o delito pratica a iniqüidade [...]. És forte e poderoso, teu braço é valente, mas teu coração é capaz, a piedade afastou-se de ti. [...] A lei está arruinada, a regra quebrantada. O pobre não consegue viver, despojam-no dos seus bens. A justiça não é honrada.

Da comparação entre os dois textos, resulta o seguinte:

SEMELHANÇAS E DIFERENÇAS COM OS PROFETAS BÍBLICOS	
Oasiano eloqüente	**Profetas bíblicos**
2190 – 2040 a.E.C.	———
Local da profecia: Oásis do Sal, a noroeste de Heracleópolis. Oásis é uma zona limítrofe entre a terra cultivável e o deserto, não contaminada pela civilização.	Moisés, Elias, Amós e João Batista profetizam na região de Oásis do Sal.
O motivo que o leva a falar é a injustiça.	Amós e Natã denunciam injustiças.
O discurso é feito diante do Templo.	Jeremias e Amós fazem o mesmo.
O camponês é açoitado.	Jeremias, Isaías (servo sofredor) e Jesus são açoitados.
O camponês usa a ameaça, a censura e a ironia.	A ironia também está presente em vários profetas bíblicos.
Texto escrito.	Profetas escritores.
O personagem principal está preocupado em ser ressarcido, o que indica um interesse meramente pessoal.	O profeta defende o interesse do povo.
O camponês baseia sua denúncia em uma consciência espontânea de justiça.	A violação do direito e da justiça é um ataque frontal à vontade divina.

O oasita não é um personagem histórico.	Os profetas são pessoas históricas.
A história tem um final feliz.	O mesmo não acontece com a história pessoal de muitos profetas.

Conclusão

Os estudiosos são unânimes em afirmar que, na profecia do Egito, há ausência de revelação divina, bem como de uma tradição histórica ou doutrinal, sendo essa profecia de conteúdo teológico pobre e sem inserção na história de salvação.[3] O conteúdo das profecias parecem querer agradar ao Faraó em vista de uma recompensa.

Essas considerações, a nosso ver, não são positivas, pois valorizam a profecia de Israel em detrimento da profecia do Egito. O profetismo bíblico não é absoluto.

2. Textos proféticos da Mesopotâmia: semelhanças e diferenças com os bíblicos

Não temos muitos dados da profecia na Mesopotâmia. Os povos que viveram nessa região, ou seja, sumérios, babilônios, assírios e caldeus, nos legaram vestígios adivinhatórios ou mágicos. Não possuímos algo que possamos classificar como profecia. No entanto, embora haja divergências entre os estudiosos do assunto, é possível incluir vários textos no item profecias da Mesopotâmia.

---

[3]   Ibid., p. 216.

Oráculos dirigidos ao rei Asaradon

O'Asaradon, rei do país, não tenhas medo! Este vento que sopra contra ti, basta-me dizer uma palavra para que cesse. Teus inimigos fugirão enquanto te aproximares, como porquinhos no mês de simanu. Eu sou a grande Senhora, eu sou a deusa Istar de Arbela, a que destrói os teus inimigos enquanto te aproximas. Que ordem te dei na qual não tenhas confiado? Eu sou Istar de Arbela. Estarei à espreita dos teus inimigos, eu os entregarei. Eu, Istar de Arbela, irei adiante de ti e atrás de ti. Não temas. Este oráculo é da mulher Istar-la-tashiat de Arbela.

A data deste oráculo está situada entre os anos de 680 e 669 a.E.C. Há também outros oráculos dirigidos a Asaradon. Na sua maioria, esses textos prometem bem-estar ao rei, vitória e vida longa.[4]

Um rei surgirá

Virá um príncipe e reinará dezoito anos. O país estará salvo e florescerá, e o povo terá abundância. Os deuses tomarão decisões favoráveis para o país, soprarão bons ventos. Os sulcos darão grande colheita [...]. Haverá chuvas e água, o povo celebrará a festa. Mas este monarca terá morte violenta durante uma rebelião.

Virá um monarca, reinará treze anos. Haverá um ataque dos elamitas contra Acad e levarão o butim de Acad. Os templos dos grandes deuses serão destruídos e Acad será derrotado. Haverá sublevações, confusões e desordens no país. Os nobres perderão seu prestígio, surgirá um desconhecido que usurpará o

---

[4]   Ibid., p. 221.

trono e entregará à espada os oficiais (do rei anterior). Encherá os riachos de Tuplias, as planícies e colinas, com metade do exército de Acad. O povo sofrerá uma grande fome. Surgirá um rei, reinará três anos [...].

A profecia de Sulgi

Sulgi, que fora rei da terceira dinastia de Ur (aproximadamente entre 2046 e 1998 a.E.C.), foi considerado um deus pelo povo. A profecia que segue, atribuída a ele, tem datação de oito séculos mais tarde.

No limite da cidade de Babilônia, se lamentará o construtor deste palácio. Este príncipe passará maus momentos. Seu coração não estará alegre. Durante o seu reinado, não cessarão guerras e contendas. Sob o mandato dele, os irmãos se devorarão entre si, as pessoas venderão seus filhos por dinheiro. Todos os povos cairão na confusão. O homem abandonará a sua mulher, a mulher abandonará o seu marido. A mãe fechará a porta à sua filha. A riqueza da Babilônia irá a Subartu, partirá para a terra de Assur. O rei da Babilônia mandará para a Assíria, para o príncipe de Assur, o tesouro de seu palácio.

O discurso profético de Marduk

Marduk foi uma divindade babilônica. No texto que segue, em forma de discurso, ele faz uma profecia a Nabucodonosor I:

Este monarca será poderoso e não terá rival [...]. Este monarca reinará sobre todos os povos. E, ficai sabendo, deuses todos, tenho um pacto com ele, ele destruirá Elam, destruirá suas cidades.

Conclusão

Os oráculos da Mesopotâmia têm certa semelhança com a profecia bíblica. Eles falam sobre um evento após o seu acontecimento. Se considerarmos Mari como parte da cultura mesopotâmica, essa pode nos oferecer paralelos com o profetismo bíblico; caso contrário, não temos muitos textos proféticos mesopotâmicos. É o que veremos a seguir.

3. Textos proféticos de Mari: semelhanças e diferenças com os bíblicos

Mari é um lugar importante para o estudo da relação entre profecia bíblica e extrabíblica. Em 1933, descobriu-se aí um palácio real, com 25 mil tabuinhas cuneiformes, na sua grande maioria relacionada com questões administrativas e comerciais. Foram encontrados, também em Mari, textos proféticos parecidos com os dos profetas bíblicos. Quatorze cartas relacionam-se a formas de comunicação divina, especialmente profecias e sonhos. Os textos não estão centrados em temas cultuais e religiosos, mas no rei e no estado.

Mensagem exigindo um sacrifício

"[...] O deus enviou-me; apressa-te em escrever ao rei para que dediquem os sacrifícios funerários aos manes de Yadjun-lin". Isto é o que *mahhu* me transmitiu, e eu comunico a meu senhor. Meu senhor fará o que melhor lhe parecer [...].

Mensagem sobre a construção de uma porta

A propósito da nova porta que vai construir, veio antes o *mahhu* e então... (no dia) em que mandei levar carta ao meu senhor, este *mahhu* voltou e disse, falando nos seguintes termos: "Esta porta, não podeis construí-la... Não haverá êxito". Isto é o que *mahhu* me manifestou.

Oráculo do deus Adad ao rei de Kallasu

Através de oráculos, Adad, o senhor de Kallasu, falou deste modo: "Por acaso não sou eu Adad, o senhor de Kallasu, quem o criou sobre os meus joelhos e que o levou ao trono da casa de seu pai? Depois de tê-lo levado ao trono da casa de seu pai, também lhe dei uma residência. Pois bem, assim como o levei ao trono da casa de seu pai, também posso tirar Nijlatum de sua mão. Se não a entregar, eu sou o dono do trono, do país, da cidade, e o que lhe dei posso tirar-lho. Ao contrário, se cumprir os meus desejos, posso lhe dar tronos e mais tronos, casas e mais casas, territórios e mais territórios; e lhe darei a região que vai do leste ao oeste".

SEMELHANÇAS E DIFERENÇAS COM OS PROFETAS BÍBLICOS	
Mari	**Israel**
A revelação não é fruto de deduções mecânicas, e sim de uma experiência que pode ser definida como religiosa e mística.	A revelação não é fruto de deduções mecânicas, e sim de uma experiência que pode ser definida como religiosa e mística.
O fenômeno profético é episódico.	O fenômeno profético é constante.
Ausência de uma crítica profunda e radical; só se condenam pequenas omissões ou faltas bem concretas.	A crítica é profunda e radical.
O deus embasa suas reclamações na eleição e na aliança.	*Também associa a intervenção divina com aliança e eleição.*
A palavra ocupa lugar central.	A palavra ocupa lugar central.
Há consciência de ser enviado pela divindade.	Há consciência de ser enviado pela divindade.

| A salvação está condicionada à conduta do rei. | A salvação está condicionada à conduta do rei. |
| Temos profetas da corte. | Temos profetas da corte. Gad e Natã são bons exemplos. |

4. Textos proféticos de Canaã: semelhanças e diferenças com os bíblicos

O Primeiro Testamento registrou a existência do profetismo de Canaã ao relatar o episódio de Elias e os 450 profetas de Baal, no Monte Carmelo. Estudiosos têm procurado mostrar a relação das profecias israelita e cananéia, sobretudo no que se refere ao caráter extático da segunda, como veremos a seguir.

A viagem de Wen-Amon

Um dia em que o príncipe de Biblos sacrificava a seus deuses, o deus (Amon) apoderou-se de um vidente e o fez entrar em êxtase. E lhe disse: "Traze o deus para o alto", traze o embaixador que está na carga. É Amon que o envia, é quem o fez vir. Enquanto Amon, extático, estava fora de si aquela tarde, eu tinha encontrado um navio que se dirigia ao Egito e tinha carregado todas as minhas coisas.

SEMELHANÇAS E DIFERENÇAS COM OS PROFETAS BÍBLICOS	
Viagem de Wen-Amon	**Profetas bíblicos**
O sacerdote egípcio Wen-Amon, no ano 1100 a.E.C., faz uma viagem à Fenícia em busca de madeira de cedro para consertar o barco sagrado. Em Biblos, o príncipe não quer recebê-lo.	*Ir ao rei é também uma prática entre os profetas bíblicos. A época de atuação de Wen-Amon nos situa no tempo de Samuel e dos grupos proféticos.*
A divindade é consultada. A oferta de sacrifício visa provocar a resposta divina.	A história de Balaão mostra que ele fez o mesmo (cf. Nm 22–24).

O texto mostra que o monarca de Biblos costumava consultar os videntes em situações difíceis.	Davi também consultava conselheiros para saber a vontade de Deus.
Há uma situação de êxtase.	Os grupos proféticos, ligados a Samuel, também entram em êxtase.

A estela de Zakir

A estela de Zakir foi encontrada em Afis, a 40 quilômetros de Alepo. A sua datação é provavelmente o ano 805 a.E.C. O rei Zakir pede proteção para a divindade Baal-Samaim.

Eu sou Zakir, rei de Hamat e de Laas; sou um homem humilde. Mas Baal-Samaim se manteve junto de mim. Baal-Samaim fez-me rei de Hatarika. Barhadad, o filho de Hazael, rei da Síria, uniu contra mim sete reis, de um grupo de dez [...]. Todos eles fizeram um cerco em Hatarika. Construíram uma muralha mais alta que Hatarika, cavaram um fosso mais profundo que o seu fosso. Mas levantei minhas mãos para Baal-Samaim, e Baal-Samaim me ouviu. Falou-me através de adivinhos e videntes e me disse: "Não temas. Eu te fiz rei e estarei junto de ti para libertar-te de todos os reis que te cercam".

SEMELHANÇAS E DIFERENÇAS COM OS PROFETAS BÍBLICOS	
A estela de Zakir	**Profetas bíblicos**
A história mostra como Zakir, rei de Hamat e de Laas, invoca o seu deus Baal-Samaim. O motivo de tal atitude reside no fato de ele estar sendo ameaçado por outros reis.	Os reis de Israel e Judá também invocam o Senhor.
Aparece o tema da eleição e proteção divinas: "eu te fiz rei", "eu estarei junto de ti".	Esses temas também estão presentes em Israel.

A divindade fala em primeira pessoa.	Também o Senhor fala em primeira pessoa.
"Não temas. Eu te fiz rei e estarei junto de ti para libertar-te de todos os reis que te cercam."	"Não temas, que eu estou contigo, não fiques apavorado, pois eu sou o teu Deus" (cf. Is 41,10). Veja também 1Rs 20,13; Is 37,4-6; 2Rs 19,4-6; Jr 42,1-4.11.

5. O que podemos concluir sobre a relação entre a profecia bíblica e a extrabíblica?

A nossa análise evidenciou que a profecia bíblica não pode ser vista como única e original. Ela existe com as suas particularidades e em relação ao mundo extrabíblico.

A profecia de Israel aproxima-se mais de Mari e Canaã, embora tenhamos também de afirmar que ela se desenvolveu a seu modo, distanciando-se assim das várias profecias extrabíblicas, com destaque para as de Mari e Canaã. Basta ver o exemplo de Elias, Eliseu, Amós, Isaías, Oséias e Miquéias.

Em Israel, o oráculo deixa de ser solicitado por pessoas, mas é dado espontaneamente por Deus. Nisso está uma diferença essencial com a profecia extrabíblica. Os profetas israelitas fizeram uso dos recursos literários da profecia circunvizinha, o que não lhes tira a originalidade.

Como afirma Sicre,[5] a questão crucial não está na relação entre a profecia bíblica e a extrabíblica, mas entre os primeiros profetas bíblicos e seus continuadores.

---

[5] Ibid., p. 229.

VIII
Conclusão: a profecia não pode parar

A profecia é a teologia da história. É o desejo de sempre construir a libertação de um povo, de sistemas e pessoas. Profecia é a Palavra de Deus no meio do povo. Difícil, no entanto, é distinguir palavra humana da palavra divina. Muitas vezes, misturam-se na história. Nem todo o que se julga profeta pode ser considerado como tal. E nem todos os profetas foram considerados desse modo, como no caso das profetisas.

O profetismo bíblico inspirou o profetismo eclesial. Olhando a história da Igreja, percebemos que há vários tipos de profetismo na vida dos monges do deserto, nas inúmeras congregações religiosas, nas igrejas, na vida do clero e dos leigos. As igrejas necessitam de profetas para permanecerem no caminho de Deus. Os profetas e profetisas normalmente não assumem cargos de direção, mas cumprem a difícil tarefa de manter a direção eclesial no caminho. Assim, esses dois grupos são importantíssimos para a vida eclesial.

No entanto, deve-se considerar que a Igreja Instituição silenciou muitas vozes proféticas. O poder religioso matou, em muitos momentos, o carisma da profecia. A Igreja silenciou Galileu, matou na fogueira Joana D'Arc; cooptou movimentos proféticos como o de Francisco de Assis, Domingos e tantos outros.

Inspiradas na fé recebida na comunidade, muitas lideranças civis, políticas e religiosas se deixam guiar pelos princípios da ética, o que as leva a denunciar as situações de injustiça.

Além do catolicismo, encontramos muitos profetas, como, por exemplo, Maomé, Lutero, Ghandi etc. A revelação de Deus ocorre de diversos modos.

Olhando para a história do profetismo bíblico, poderíamos nos perguntar pela validade da crítica profética. Valeu a pena profetizar? Esta é a pergunta básica. Por que tanta denúncia se nada mudou? As sociedades continuam injustas nas suas estruturas. Todos mantêm o sonho de outro mundo possível! E parece ser essa a sina do ser humano. Assim como nos tempos bíblicos, basta um grupo assumir o poder para acabar caindo também em corrupção. A esperança do povo se vê traída.

A profecia valeu a pena porque a palavra profética deu fruto ao longo da história. A profecia continua sempre atual. A esperança profética não pode morrer. A esperança é a gasolina de todo e qualquer ser humano. Quem perde a esperança deixa de viver. Mesmo que as estruturas não mudem, não podemos deixar de esperar em um outro mundo possível. Homens novos e mulheres novas renascem a cada dia. E, mesmo que eles e elas envelheçam e voltem para o nada, há de se aguardar sempre.

O profeta é o ser humano da crise, do sofrimento. Ele, ou ela, não é compreendido nas suas ações e palavras proféticas, pois está sempre além do tempo e das pessoas. Ele consegue ver o que os outros não vêem, por estar sempre mergulhado em uma eterna crise, nele e nos outros.

A palavra e a força se unem na ação profética. Uma palavra bem dita derruba barreiras, alimenta sonhos, impulsiona a esperança. Ela não dá a casa pronta, o pão, mas ensina como buscá-los. Uma palavra mal dita pode pôr tudo a perder. Ela destrói esperanças. A palavra profética é sempre bem dita. Por isso, é eterna, no sonho e na conquista. Temos de esperar sempre! Temos de ser profetas sempre, mesmo que o tempo não seja para tanto.

Bibliografia para o estudo dos profetas

ASURMENDI, Jesus. *O profetismo*: das origens à época moderna. São Paulo, Paulus, 1988.

BEAUCHAMP, Paul. Propositions sur l'alliance de l'Ancien Testament comme structure centrale. *RSR*, 58, pp. 161-193, 1970.

BOGGIO, Giovanni. *Jeremias*: o testemunho de um mártir. São Paulo, Paulus, 1984.

_____. *Joel, Baruc, Abdias, Ageu, Zacarias, Malaquias*: os últimos profetas. São Paulo, Paulus, 1991.

BONORA, Antônio. *Naum, Sofonias, Habacuc, Lamentações*: sofrimento, protesto e esperança. São Paulo, Paulinas, 1993.

BOZAK, B. A. Life "Anew". A Literary-Theological Study of Jer. 30-31. *AnBib* 122, Roma, 1991.

BRENNER, Athalya (org.). *Profetas a partir de uma leitura de gênero*. São Paulo, Paulinas, 2003.

BRIEND, J. L'espérance d'une alliance nouvelle. *Lum Vie* 32 (1983) 31-43.

BRIGHT, J. An Exercise in Hermeneutics: Jeremiah 31: 31-34. *Int* 20 (1966) 188-210.

_____. *Jeremiah*. AB 21, Garden City, 1965.

CARROLL, R. P. *Jeremiah*. A Commentary. London, OTL, 1986.

CEBI. *Estudo sobre Isaías Júnior*. São Paulo, Paulus, 1983.

COPPENS, J. La nouvelle alliance en Jér 31-31-34. *CBQ* 25, 1963, pp. 12-21.

CROATTO, José Severino (org.). Os livros proféticos: a voz dos profetas e suas releituras. *RIBLA* 35/36, Petrópolis, Vozes, 2000.

_____. *Isaías*: o profeta da justiça e da fidelidade. Petrópolis/São Leopoldo, Vozes/Sinodal, 1989. vv. I e II.

DA SILVA, Airton José. *Nascido profeta*: a vocação de Jeremias. São Paulo, Paulus, 1992.

FARIA, Jacir de Freitas. *Porque perdoarei*: exegese de Jr 31,34c. Roma, Pontifício Instituto Bíblico, 1996. Tese.

GORGULHO, Gilberto. *Zacarias*: a vinda do Messias pobre. Petrópolis/São Leopoldo, Vozes/Sinodal, 1985.

HOLLADAY, W. L. *Jeremiah 2. A Commentary on the Book of the Prophet Jeremiah.* Chapters 26-52. Philadelphia, Hermeneia, 1989.

LEMKE, W. Jeremiah 31,31-34. *Int* 37 (1983) 183-187.

MEJÍA, J. La Problématique de l'Ancienne et de la Nouvelle Alliance dans Jérémie xxxi 31-34 et quelques autres Textes. *VT.S,* 32, pp. 263-277, 1981.

MESTERS, Carlos. *A profecia durante e depois do cativeiro.* São Paulo, CEBI, 1991.

———. *O profeta Elias*: homem de Deus, homem do povo. São Paulo, Paulus, 1987.

MONARI, Luciano. *Ezequiel*: um sacerdote profeta. São Paulo, Paulus, 1992.

SEUBERT, Augusto. *Como entender a mensagem dos profetas.* São Paulo, Paulinas, 1992.

SCHÖKEL, Luís Alonso e SICRE, José Luis. *Profetas.* São Paulo, Paulus, 1988-1991. 2 v.

———. *Profetas.* São Paulo, Paulus, 1988. vv. I e II.

SCHWANTES, Milton. A profecia durante a monarquia. *Curso de Verão.* São Paulo, Paulus, 1991.

———. *Ageu.* Petrópolis/São Leopoldo/São Bernardo do Campo, Vozes/Sinodal/Imprensa Metodista, 1986.

SCHWANTES, Milton e SAMPAIO, Tânia Mara Vieira. *Oséias*: uma profecia diferente. São Leopoldo, CEBI, 2005.

SICRE, José Luis. *A justiça social nos profetas.* São Paulo, Paulus, 1990.

———. *O profetismo em Israel*: o profeta, os profetas, a mensagem. São Paulo, Vozes, 1996.

——— (org.). *Os profetas.* São Paulo, Paulinas, 1998.

THOMPSON, J. A. *The Book of Jeremiah* (NICOT). Grand Rapids, Eerdmans, 1980.

WILSON, Robert R. *Profecia e sociedade no antigo Israel.* São Paulo, Paulus, 1993.

Sumário

APRESENTAÇÃO 7

PREFÁCIO 9

I – QUEM É O PROFETA? 11
  1. O profeta vidente 12
  2. O profeta visionário 12
  3. O profeta, homem de Deus 13
  4. O profeta 14
  5. Profeta maior e menor 16
  6. As mulheres profetisas 17
  7. Profetismo desde Abraão? 18

II – A VOCAÇÃO PROFÉTICA 21
  1. Abraão e Sara: fé na promessa 21
  2. Moisés: vocação de um profeta e libertador 22
  3. Samuel: profeta mediador entre Deus e o povo ... 23
  4. Elias: o profeta do povo 24
  5. Eliseu: chamado para continuar a missão de Elias ... 25
  6. Isaías: vocação para a denúncia e o anúncio 26
  7. Jeremias: escolhido para destruir, arrancar e plantar.
    Mas ele tem medo! 26
  8. Jonas: vocação marcada pelo medo da conversão
    do opressor 28
  9. Jesus: síntese da vocação profética 30
  10. Conclusão 30

III – PROFETAS E PROFETISAS NA HISTÓRIA DE ISRAEL 33
  1. Situando os profetas e profetisas na história 33
  2. Síntese histórica da ação profética 36
  3. A denúncia, a solução e a esperança em cada profeta 42
  4. Conclusão: um profeta, uma denúncia, uma solução,
    uma esperança 80

IV – PERSONAGENS E SIMBOLISMOS EM ELIAS E ELISEU 85
1. Elias 85
2. Eliseu 88
3. Conclusão 90

V – A TEOLOGIA DA JUSTIÇA NOS PROFETAS 91
1. Manifestações da injustiça 91
2. A injustiça em Am 2,6-16 94
3. Conclusão 102

VI – A TEOLOGIA DO PERDÃO E DA NOVA ALIANÇA EM JR 31,23-34 103
1. O texto de Jr 31,23-34 103
2. Qual é o sentido do versículo 34c? 104
3. Jr 31,34c na estrutura de Jr 30–31 107
4. Jr 31,34c: como e o que conclui? 110
5. Conclusão 128

VII – O PROFETISMO FORA DE ISRAEL 133
1. Textos proféticos do Egito: semelhanças e diferenças com os bíblicos 133
2. Textos proféticos da Mesopotâmia: semelhanças e diferenças com os bíblicos 137
3. Textos proféticos de Mari: semelhanças e diferenças com os bíblicos 140
4. Textos proféticos de Canaã: semelhanças e diferenças com os bíblicos 142
5. O que podemos concluir sobre a relação entre a profecia bíblica e a extrabíblica? 144

VIII – CONCLUSÃO: A PROFECIA NÃO PODE PARAR 145

BIBLIOGRAFIA PARA O ESTUDO DOS PROFETAS 147

Rua Dona Inácia Uchoa, 62
04110-020 – São Paulo – SP (Brasil)
Tel.: (11) 2125-3500
paulinas.com.br – editora@paulinas.com.br
Telemarketing e SAC: 0800-7010081